KB237232

자치통감 태어나다

이 도서의 국립중앙도서관 출판시도서목록(CIP)은 e-CIP홈페이지(http://www.nl.go.kr/ecip)와 국가자료공동목록시스템(http://www.nl.go.kr/kolisnet)에서 이용하실 수 있습니다. (CIP제어번호: CIP2013020029)

제왕학의 교과서

자치통감 태어나다

2013년 10월 19일 초판 1쇄 찍음
2013년 10월 28일 초판 1쇄 펴냄

지은이　권중달
펴낸이　정철재
만든이　권희선 문미라 이승한
디자인　정은정

펴낸곳　도서출판 삼화
등　록　제320-2006-50호
주　소　서울 관악구 남현길 108-5
전　화　02) 874-8830
팩　스　02) 888-8899
홈페이지　www.tonggam.com | www.samhwabook.com

©도서출판 삼화, 2013, Printed in Seoul Korea
ISBN　978-89-92490-63-4 (03900)

제왕학의 교과서

자치통감 태어나다

권중달 지음

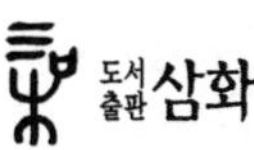

도서출판 삼화

구슬을 꿰어 보배를 만들다

1

나의 40년 동안 이어온 《자치통감》에 관한 대장정의 작업은 2010년 5월 일단락났다. 이때에 한국어판 《자치통감》의 번역과 출간을 마친 것이다. 《자치통감》 전294권을 중국어 이외의 언어로 세계 최초로 완역한 대역사였다. 원문이 중국식으로 계산하면 300만자였으니 우리말로 번역한 원고는 200자 원고지로 8만매 정도가 되었고, 양장본으로 31책과 해설서 《자치통감전》까지 합하여 전32책으로 완전히 출간한 것이다.

이로써 사마광이 처음으로 편찬하였고, 세종대왕이 훈의를 달았던 《자치통감》이 21세기 초에 세번째로 재탄생한 것이며 그것도 한글로 태어난 것이다.

정식으로 《자치통감》의 번역을 시작한 이후 13년만의 일이었다. 이 책의 완간이 전해지자 많은 언론에서는 관심을 가져서 간행된 32책을 쌓아 놓거나 혹은 팔을 벌려서 안고 있는 모습을 찍어서 이 책의 방대함에 관심을 보였다. 정말로 많은 언론에서 큼지막하게 다루었다.

왜 언론에서 이렇게 관심을 가진 것일까? 방대한 분량 때문일까, 아니면 문화적으로 한 단계 끌어 올린 때문일까? 가늠하기 어려웠지만 어쨌거나 40년 역사를 공부하면서 이만큼 좋은 역사책은 아직도 못 보았다는 것이 나의 신념이다. 그래서 이렇게 좋은 책을 좀 더 많은 사람들이 읽을 수 있다면 좋겠다고 생각했기 때문에 이 작업에 뛰어든 모험을 감행한 것인데, 이것을 끝내 완성한 것이다.

사실 그동안 《자치통감》은 우리에게 그다지 잘 알려진 저작은 아니었다. 하지만 《자치통감》은 이 책이 만들어진 중국에서뿐만 아니라 우리 선조들에게도 필수 교양서적이었고, 지식인이면 당연히 읽어야 할 책으로 생각되었다.

하지만 일제 강점기, 서양문물의 수입, 지독한 가난의 세월 속에서 근 100년 동안 전통적인 고전에 대한 관심은 멀어졌다. 뿐만 아니라 우리 사회에서는 전통적인 고전을 '비실용적 학문'이라는 어불성설로 자라는 사람들로부터 고전에서 멀어지게 하였다. 그러한 역사를 100년간 이어 오는 바람에 전통문화는 거의 단절되기에 이르렀고 《자치통감》도 그 가운데 하나였다.

간혹 전통교육의 필요성을 강조하는 일부에서 한문(漢文)을 공부하는 사람들은 있어 왔다. 어떻게 보면 이들에 의하여 조금씩이나마 명맥을 유지했다고 할 것이다. 이들이 한문을 익히기 위한 과정으로 《천자문》, 《동몽선습》, 《논어》, 《맹자》 등과 함께 《자치통감》을 읽었다. 말하자면 《자치통감》은 한문교육과정에서 배우는 교재의 하나로 되어 인식되었다고 할 수 있었다.

그러나 사실 한문을 공부하기 위하여 선택된 《자치통감》이란 이른바 문리(文理)를 익히는 교재였지, 그 속에 담긴 의미와 효용성을 공부하기 위한 것은 아니었다. 그래서 한문을 공부한 사람들조차 한문을 배울 때 몇 권을 읽은 것으로 '《통감》을 떼었다'고 말하지만 실제로 대부분이 강지(江贄)가 《자치통감》을 축약하여 만든 50권 본 《자치통감절요》를 읽은 것이고 그것도 앞부분의 10권 정도를 읽는 경우가 많았다.

그러므로 설혹 '《자치통감》을 떼었다'고 말하는 사람조차도 구체적으로 《자치통감》에 대해 아는 것이 그리 많지 않았다. 그저 한문의 뜻풀이를 좀 하다가 그만둔 상태라고나 할까? 《자치통감》이 얼마나 위대한 역사책인지를 알지도 못하고 설명하지도 못하는 경우가 비일비재했다.

그러하니 《자치통감》에서 찾아낼 수 있는 역사의 흐름, 정치의 도리, 인간관계의 진실 같은 것을 이해할 수 없었다. 결국 《자치통감》을 겉핥기도 못한 채 《자치통감》은 그저 한번 들춰보고 지나가면 되는 책으로 무심히 지나쳤고 더 이상 그 중요성이 강조되지 못했다. 따라서 《자치통감》이라는 책이 대중에게 가까이 가기에는 너무 오랫동안 전통문화가 단절되었다고 할 것이다.

2

사실 역사연구를 직업으로 삼고 있는 사람들조차 《자치통감》은 자기가 관심을 가진 부분에 대하여 《자치통감》에 어떤 내용이 있는지를 들춰보는 정도로 그치는 경우가 대부분이었다. 설혹 논문을 쓰면서 《자치통감》을 인용하는 경우가 있지만 이것은 사료(史料)로서 인정하는 범위를 크게 벗어나지 못하였다.

　《자치통감》을 사료로서만 생각한다면 이른바 중국의 정사(正史)라는 '25사'보다 가치가 적거나 그 정도에 그치는 것으로 생각되었다. 왜냐하면 사마광이 《자치통감》을 편찬할 때에 이미 정사로 불리는 역사책 열일곱 종이 이미 편찬되었었기 때문에 《자치통감》을 편찬하면서 당연히 이들 '17사'를 참고하였다. 그래서 '17사'가 1차 사료라면 《자치통감》은 2차 사료이고, 2차 사료는 1차 사료보다 가치가 덜한 것으로 보는 것이 일반적이기 때문에 전문 역사가들이 《자치통감》에 깊은 관심을 덜 가질 수밖에 없었다.

현대 역사학의 대종은 '사실의 규명'이었다. 과거의 사실이 어떠했느냐에 관심을 기울였다. 이 문제는 물론 대단히 중요하다. 여기서 여러 방법이 제시되었고, 이른바 실증사학이 크게 유행하고 있다. 그러나 과거의 특정 사건이 어떠했는지가 밝혀진다고 한들 현재와 어떻게 연결되는지, 어떤 의미를 가졌는지가 설명되지 않는다면 자칫 과거지식에 대한 유희로 끝날 수가 있다. 그래서 역사학을 비실용학문으로 인식하게 되었는지도 모른다.

그런데 아직도 현재와 연결은 미룬 채 많은 개별적 연구가 주종을 이루고 있다. 이것들이 현재와의 연관성을 찾으려면 얼마나 더 많이 기다려야 할지 모른다. '구슬이 서 말이어도 꿰어야 보배'라는 속담이 역사학계에 필요한 것 같이 보인다.

역사는 시간이 흘러가는 속에 인간이 어떻게 서로 관계를 맺어 왔고, 그것이 다음으로 어떻게 이어지고 있느냐, 즉 시간과 함께 변화하는 인간의 모습, 정치·경제·사회·문화의 모습을 보려는 것이 가장 중요하다. 과거로부터의 변화의 줄기 속에 우리가 살아가는 오늘날로 이어지고 있기 때문이다.

그런데 《자치통감》이 나오기 전까지의 역사는 마치 구슬을 만드는 것에 머물고 있었다. 이른바 기전체로 쓰인 역사가 그러했다. 《사기》, 《한서》, 《후한서》로 이어지는 '25사'는 기전체로 쓰인 책인데, 이는 기본적으로 분류사이다. 인물은 인물대로,

경제는 경제대로, 연표는 연표대로 따로따로 분류해서 써 놓았기 때문에 이를 종합적으로 파악하기가 힘들다. 마치 한 사람이 어디에 가서 회의를 하고 왔을 때에, 만약 그 회의 내용만 기록하고는 어떤 교통기관을 이용했는지, 무슨 차를 마셨는지를 별도로 각기 다른 곳에서 확인해야 하는 것과 같다.

그렇다면 각 개별적인 것은 구슬이라고 해도 통합적으로 이해하기 쉽지 않게 되었다. 그런데 《자치통감》은 이를 종합적으로 파악할 수 있도록 편년체로 기록했다. 역사학을 한 단계 올려놓은 것이다. 그런데 21세기인 지금에서조차도 여전히 개별적 연구가 대종을 이루고 통합적 연구가 많지 않으니, 구슬을 꿰어 만든 《자치통감》의 가치는 오늘날에도 여전히 새로움을 입고 찬연한 것이다.

3

설사 어느 정도 《자치통감》이라는 책의 이름이 귀에 익은 사람이라고 하더라도 그 진면목에 대한 이해가 너무도 부족한 것이 현실이다. 따라서 이에 대한 개략적인 내용을 소개할 필요가 절실하였다. 《자치통감》을 완간했을 때에 이미 전31책의 부록으로 '《자치통감》에 대한 해설서'인 《자치통감전》을 출간했다.

《자치통감》이 탄생한 배경과 그 저작 과정, 그리고 그 기구한 운명과 우리나라로의 전래, 《삼국사기》와의 관계, 세종대왕이 《자치통감》에 대한 주석이 필요하여 손수 《자치통감훈의》를 편찬한 과정, 그리고 그 후 우리나라에서 읽힌 과정을 설명했다.

해설서는 40년 전에 중국어로 쓴 나의 박사학위 논문 「《자치통감》이 한국과 중국에 끼친 영향」을 중심으로 대중들이 읽기 쉽도록 정리한 것이므로 어느 정도는 독자들에게 설명이 되었다고 생각했다.

그래서 《자치통감》을 완간한 후에는 '《자치통감》 행간읽기'라고 하여 '《자치통감》을 어떻게 읽을 것인가'에 초점을 맞추어 집필하기 시작했다. 그리하여 제일 먼저 일반독자들이 쉽게 접근할 수 있도록 풀어쓴 《자치통감산책》을 썼다. 그 다음으로 역사상 기행과 일탈이 가장 많았던 위진남북조시대를 배경으로 하여 《위진남북조시대를 위한 변명》을 썼다.

현재 우리 사회의 도덕적 해이와 자유분방으로 나타난 문제점을 보면서 역사 속에서 그 원인을 찾고자 했는데, 유교적 속박주의와 불교·도교의 자유방임주의가 연출한 모습이 20세기에 들어오면서 보수적 질서를 유지해 온 동양 사회 속에 이를 구태라고 비판하면서 들어온 서양의 자유주의를 방종으로 받아들인 세태와 유사했다.

또 '역사를 어떻게 볼 것인가'라는 명제 아래에서 《자치통감 사론 강의》(上·下)를 출간하여 역사를 보는 안목을 제시했다. 요즘음 한국 사회에 나타나고 있는 좌우 사상적 갈등이 역사를 이해하고 서술하는 시각의 차이를 극명하게 드러내고 있는데, 그렇게 역사를 쓴 사람들의 사상적 배경을 이해하게 되면 아무리 의도적으로 역사를 자기 입맛에만 맞게 썼다 한들 제대로 보는 독자 앞에서는 뜬구름임을 알게 하려는 것이었다.

또 한국 사회에서 벌어지고 있는 정치 행태를 보면서 앞에 나선 사람과 그것을 조종하는 사람이나 집단의 문제를 파악할 필요가 있었다. 그래서 나온 책이 《황제뽑기》였다. 황제는 혈통에 의해 당연한 순서가 있는 것으로 보이지만 실제로는 황제가 세워지기까지 배후 세력들의 엄청난 음모나 그 역학 관계를 보려고 한 것이다.

이어서 "인간의 본질은 변하는가?"에서 출발한 책이 《생존》이다. 인간의 본질이 변하지 않기에 인간이 살아오면서 변화에 대응하는 방법은 예나 오늘이나 같다. 이 책에서는 역사의 흐름, 변화의 상황을 지적하면서 등장인물이 대처한 방법을 분석적으로 제시하여 독자로 하여금 변화 속에서 행동할 수 있는 타이밍을 잡도록 안내해 준다.

그리고 현재 중국의 시진핑과 보시라이의 대결을 보면서 이 문제를 중국 역사에 맥맥이 흐르고 있는 동·서 세력간의 대결로 볼 수도 있다는 생각으로 집필중인 《(가제)중국, 통일과 분열의 변주곡》이다.

이렇게 꾸준히 《자치통감》 행간읽기 시리즈를 집필해 가는 과정에 많은 사람들로부터 《자치통감》 해설서를 간편하게 써달라는 요구를 받았다. 이미 출간한 《자치통감전》은 그 분량이 무려 800쪽이 넘으니 일반인들이 접근하기가 쉽지 않다는 것이 이유였다. 마침 10년 전에 쓴 간단한 해설서가 있었다.

그러나 지금은 절판되었기에 이를 보완하면 될 것으로 생각하여 기존에 출간된 원고에 약간의 보완과 보정을 거쳐서 이를 출간하기로 했다. 되도록 읽기 쉽게 하려고 하여 교양서로서도 괜찮을 것으로 보인다. 이 책이 독자들의 바람에 부응했으면 하는 바람이다.

2013년 10월
삼화고전연구소에서
권중달 적음

차례

1 30만 권 분의 종이를 준비하라!

국가적인 발간 사업

세종 16년(1434) 7월, 조선시대 제일의 군주로 추앙되는 세종대왕이 종이를 만드는 관청인 조지서(造紙署)에 영을 내렸다.

《자치통감(資治通鑑)》을 인쇄할 종이 5만 권 분을 만들라.

이어 경상도에서도 10만 5,000권 분량을, 기타 다른 도에서도 종이를 만들라는 명령이 내려졌다. 이렇게 《자치통감》이라는 책을 인쇄하기 위해 준비하라고 한 종이는 총 30만 권 분량. 《자치통감》 한 질이 294권이므로 대략 1천 질을 찍을 수 있는 분량의 종이였다. 이때에 1천 질을 찍으려 했다면 대단한 분량임

이 틀림없다. 종이 만드는 기술은 이미 들어와 있었으나, 종이는 아직도 귀한 물건에 속하는 때였다.

당시 기술로 30만 권 분의 종이를 한꺼번에 만들기란 결코 쉬운 일이 아니었다. 중앙정부가 각 지방에까지 종이를 만들라고 한 것은 이 때문이다. 이만한 분량의 종이를 만들려면 재료와 비용도 만만치 않게 들었다. 그래서 종이를 만드는 재료인 닥나무를 구하는데 국고에 있는 쌀을 사용하라는 조치까지 내려졌다. 이러한 내용으로 볼 때, 《자치통감》을 인쇄하는 사업은 온 나라가 힘을 기울인 국가적인 사업이었다.

같은 달에 세종은 또 다음과 같이 말했다.

> 지금 큰 글씨로 된 활자를 주조하는 것은 아주 귀한 일이다. 나는 《자치통감》을 인쇄하여 서울과 지방에 널리 반포하여 노인들로 하여금 이 책을 쉽게 보게 하고 싶다. 종이 30만 권을 준비해둔다면 《자치통감》 500질이나 600질 정도를 인쇄할 수 있을 것이다. 그러니 그에 필요한 종이와 먹을 준비할 계책을 승정원에서 마련하도록 하라.

고려 말에 이미 금속활자가 나오기는 했지만 활자를 만드는 기술은 그다지 발달하지 않은 상황이었다. 그런데도 세종은 인쇄한 《자치통감》의 부수뿐만 아니라, 활자의 크기까지 직접 챙기고 있다.

이 국가적 대사업에 대한 세종의 관심은 여기서 그치지 않았다. 세종은 종이를 만드는 방법까지 세세히 지시했다. 당시에는 주로 저(楮)라고 하는 닥나무 껍질로 종이를 만들었는데, 대량으로 종이를 만들려면 아무래도 이 닥나무를 구하는 일이 관건이었다.

그러한 사정을 감안한 세종은 별도의 지시를 내렸다.

닥나무는 국고에 있는 쌀로 교환하기가 쉬울 것이다. 그러니 경내에 있는 승려들에게 이 닥나무를 채취하는 일을 시키고

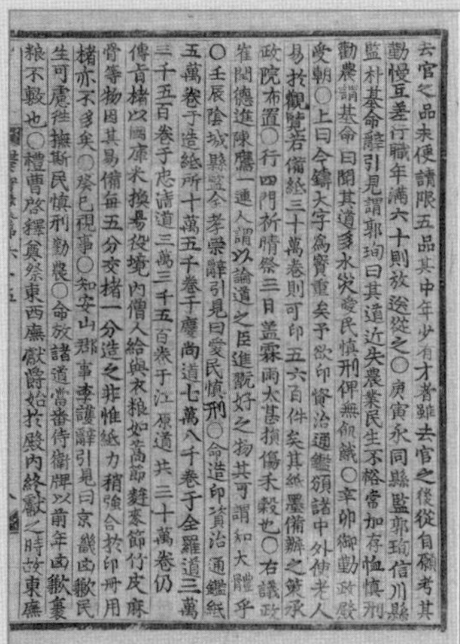

《조선왕조실록》 가운데 세종이 《자치통감》을 인쇄하기 위해 종이 30만권을 준비하도록 한 내용이 실려 있는 부분이다.

의복과 양식을 공급하도록 하라. 또 예컨대 보릿대의 마디, 대나무의 껍질과 삼베나무의 골간 같은 것은 준비하기 쉬우니, 종이를 만들 때에 이 재료 5푼마다 닥나무 1푼씩을 섞어서 만들라. 그러면 종이의 힘이 더 강해질 뿐만 아니라, 책을 인쇄하는데 이를 합쳐서 사용하면 닥나무를 사용하는 양 또한 많지 않아도 될 것이다.

닥나무라는 기존 재료 외에 보리나 대나무, 삼베 등도 종이 제조에 사용하도록 한 것이다. 임금이 직접 지시한 것으로 보아 이것이 종이를 만들어야 하는 상황에서 새롭게 개발한 것인지는 분명하지 않지만 이때 세종이 《자치통감》을 인쇄하려는 의지가 얼마나 강력했는지 엿볼 수 있는 대목이다.

이러한 기록들로 보아서 세종은 《자치통감》이란 책을 인쇄하여 반포하기 위해 새로운 제조법으로 종이를 만들고, 새로 활자를 주조하는 등 당시의 기술과 재력을 총동원했음을 알 수 있다. 그렇다면 조선 제일의 군왕으로 손꼽히는 세종은 왜 그렇게 《자치통감》의 발간에 온 힘을 기울였을까? 《자치통감》이 과연 어떤 책이길래.

세종이 《자치통감》 발간에 기울인 관심

세종은 그 아버지 태종이 왕조에 방해가 되는 세력을 전부 제거한 토대 위에 등극하여 문운(文運)을 펼친 왕으로, 치세 기간 동안 당시까지 전해 내려오던 문화적인 것 대부분을 집대성했다. 이 과정에서 의약에서부터 향악에 이르기까지 모든 것을 다 정리했지만, 《자치통감》처럼 왕이 직접 나서서 챙기는 경우는 드물었다. 여기서도 세종이 《자치통감》을 얼마나 중요한 도서로 여겼는지 알 수 있다.

《조선왕조실록》을 보면 세종이 종이 제조법과 관련한 특별 지시를 내린 지 5개월이 지난 세종 16년 12월 갑인일에 《자치통감》과 관련한 의미 있는 내용이 실려 있다. 지금으로 말하면 국립대학 총장에 해당하는 대제학(大提學) 윤준(尹准) 등이 《자치통감훈의(資治通鑑訓義)》를 저술하고 있었다. 이들은 그날 저술한 원고를 매일 저녁 세종에게 들고 들어가 보였는데, 세종은 친히 잘못되고 틀린 것을 교정하다 더러 밤에까지 계속했다. 이는 《자치통감》을 누구나 읽기 쉽게 하려는 대대적인 저술 사업을 직접 진행하고 있었다는 말이다.

그런데 이날(갑인일) 세종이 윤준에게 말했다. "최근에 이 책을 보면서 책을 읽는다는 것이 대단히 유익하고, 또한 날로 눈과 귀를 밝게 한다는 것을 알았지만 졸음이 오는 것도 사실이요."

이 말을 들은 윤준 등이 계문(啓文)을 올렸다. "밤에 작은 글씨를 보시면 눈병이 날까 걱정입니다." 이 말을 들은 세종이 답했다. "경 같은 사람들이 하는 말이 옳도다. 나도 좀 쉬겠다."

이 대화를 통해 세종이 《자치통감훈의》라는 책을 저작하고 검토하는 과정에 얼마나 열심히 참여하고 관심을 기울였는지 알 수 있다.

《자치통감훈의》란 《자치통감》에 훈의(訓義)를 붙인 책을 말한다. 훈의를 요즈음 말로 변역하면 뜻을 알기 쉽게 주석을 단다는 의미이다. 따라서 세종은 중국 송나라 때에 사마광(司馬光)이 저작한 《자치통감》을 알기 쉽게 주석을 다는 작업을 지시했고,

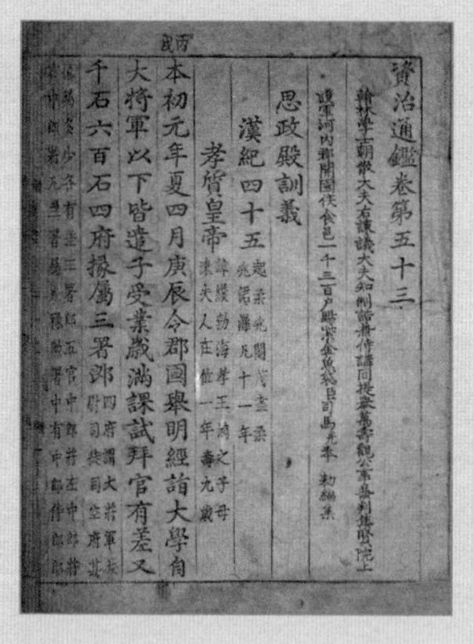

보물 제1281호로 국립중앙박물관에 소장되어 있는 《자치통감훈의》이다. 《자치통감훈의》는 세종이 편찬하였으며, 《사정전훈의》라고도 불린다.

이 작업에 온 정열을 다했다는 말이다. 그러나 학자들은 이렇게 《자치통감》에 훈의를 다는 작업에 어려움을 많이 느낀 듯하다. 《자치통감》은 중국 송대에 쓰인 책으로 저작된 지 이미 350년이 지났으니 언어 환경이 바뀌었을 것이고, 게다가 《자치통감》은 우리말로 쓰인 것이 아니기 때문에 정확하게 주석을 달기 위해서는 참고서가 필요했던 것은 당연하다.

호삼성의 《자치통감음주》를 구해오라

당시까지 《자치통감》의 최고 주석자는 호삼성(胡三省, 1230~1302)이었다. 호삼성은 사마광이 죽은 지 200년쯤 뒤인 1279년에 송나라가 몽골족의 원나라에게 멸망하자 스스로 '나는 송나라의 유민'이라고 하며 원나라 백성이 될 것을 거부한, 중국인의 처지에서 보면 애국자라고 할 수 있는 사람이다. 그러한 호삼성이 《자치통감》에 음주(音註)를 달았다.

《자치통감》이 저작된 지 200년이 지난 시점에서 보면 언어 환경이 이미 상당한 정도 변해 있어서 중국 사람조차 주석이 필요했었다. 한자는 같은 글자라도 그 글자를 읽는 음과 뜻이 다른 경우가 있다. 따라서 원문을 정확하게 이해하기 위해서는 정확한 발음과 뜻을 알아야 한다. 사마광의 《자치통감》도 예외가 아

호삼성(胡三省, 1230~1302)
박학능문(博學能文)했고, 특히 사학(史學)에 뛰어났다. 송나
라가 망하자 은거하여 관직에 나가지 않았다. 은거하면서
각고의 노력 끝에 송 지원 22년(1285) 《자치통감음주(資治通
鑑音注)》* 97권을 펴냈다.

*원명은 《자치통감광주(廣注)》이다.

니어서 같은 글을 읽고 다르게 해석하는 일을 방지하기 위해 음주를 단 것이다. 따라서 《자치통감》에 훈의를 달고자 했던 세종과 윤준 등 학자들은 당연히 호삼성이 음주를 달아놓은 책을 참고하고자 했을 것이다. 그러나 당시까지만 해도 호삼성의 《자치통감음주》를 조선에서 구하기란 쉬운 일이 아니었다. 세종이 이 책을 구하는 문제를 여러 신하들과 상의한 내용이 《조선왕조실록》에 나온다.

《자치통감훈의》를 저술하라고 명령을 내리기 전에 세종은 당시 영의정인 황희(黃喜)에게 말했다. "명나라 예부에 공문을 보내서 호삼성이 음주를 단 《자치통감》을 보내달라고 주청(奏請)하는 것이 어떻겠는가?"

명나라와의 외교 관계를 이용하여 정식으로 《자치통감음주》를 보내달라는 공문을 띄워보자는 뜻이었다.

이에 황희가 답했다. "서책을 재물과 비교하기는 어렵습니다. 명나라에서 영종 황제가 새로 보위에 올라 처음으로 축하 인사를 하는 자리인데, 그 자리에서 이 책을 달라고 청하는 것은 마땅하지 않은 것 같습니다. 성절사(聖節使)가 북경에 갈 때를 기다렸다가 주청하여도 늦지 않을 것입니다."

이때 명나라에서는 성조 영락제의 뒤를 이은 선종이 세종 17년(1435) 정월에 죽고, 영종이 즉위한 시기였다. 황희는 이러한 명나라의 사정을 감안할 때 당장 책을 달라는 공문을 보내는 것은 시기적으로 적절하지 않으며 축하의 의미를 띠고 가는 사신, 즉 성절사 편을 이용하는 것이 좋겠다고 대답한 것이다.

사실 조선시대 세종 이전에도 《자치통감》은 활발히 수입되었다. 세종의 아버지 시대인 태종 원년(1401)에도 영의정부사였던 이서(李舒)와 총제(摠制)였던 안원(安瑗) 같은 사람이 명나라 수도에 사신으로 갔다가 《대학연의(大學衍義)》와 《통감집람(通鑑集覽)》, 《사림광기(事林廣記)》 같은 책을 가져와서 임금에게 한 질씩 바쳤다는 기록이 있는 것으로 보아 《자치통감》 뿐 아니라 그와 관련된 책도 계속 수입하고 있었던 것을 알 수 있다. 그러나 이렇게 수입한 책만으로는 많은 사람에게 보급할 수가 없었다. 그래서

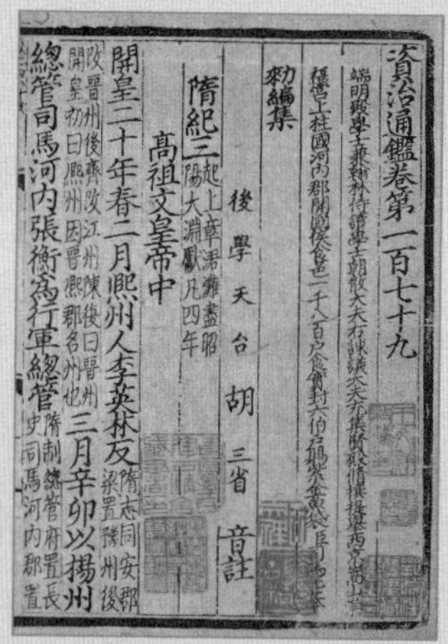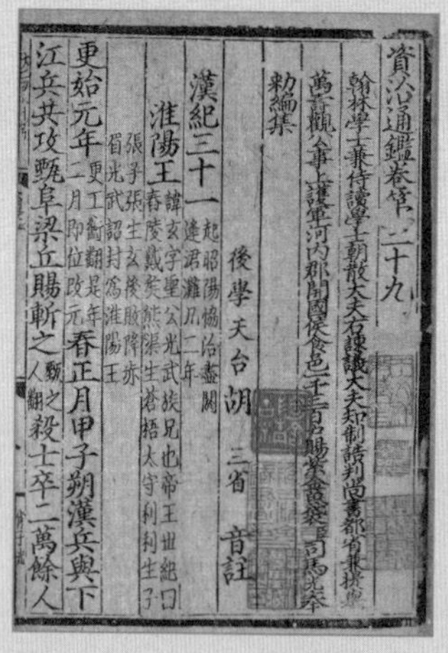

호삼성의 《자치통감음주》

세종대에 와서 이 《자치통감》을 널리 보급할 필요를 느끼고, 원
문만으로는 그 뜻을 온전히 이해하기 어려우므로 《자치통감훈
의》를 저술하기로 했던 것이다.

황희의 말을 들은 성억(成抑) 등이 다른 의견을 내놓았다. "명
나라에서 선종이 붕어했을 때 이미 진향진위사(進香陳慰使)를 파
견했으므로 지금 파견하는 사신은 선종이 죽은 다음에 처음 파
견하는 사신이 아닙니다. 그러므로 서적을 달라고 주청하는 것
은 의미로 보아서 문제가 없을 것입니다."

성억은 명나라 선종이 죽었을 때 이미 조위 사절을 보냈기
때문에 지금 가는 사신 편에 책을 보내달라고 청한다 해도 결례
될 것이 없다는 말이었다.

> 이에 신하들의 토론을 지켜보던 세종이 결론을 지어 말했다.
> "황희 정승이 한 말이 옳소. 그러나 나는 그 책이 간절하게
> 보고 싶소. 그러니 지금 북경에 부사로 함께 가는 심도원(沈
> 道源)으로 하여금 그 책을 사오도록 하는 것이 어떠하겠소?"
> 이에 첨사(僉使)가 말하기를 "상감의 말씀이 지당하십니다."
> 라고 하였다.

이 기록에는 세종이 얼마나 호삼성의 《자치통감음주》를 보고
싶어했는지 잘 나타나 있다. 아마도 이때 세종은 명나라에서 호

삼성의 책이 새로 인쇄되었다는 소식을 들었을 것이고, 책을 얻는 것이 여의치 않자 영종의 등극을 축하하기 위해 파견하는 사신에게 이 책을 구입해오도록 했을 것이다.

이보다 7년 앞선 세종 10년(1428)에도 임금은 조선에 간혹 들어와 있는 《자치통감음주》를 구하려고 노력했다. 《조선왕조실록》에는 '진주도(晉州道)의 구매유전관(購買遺典官)인 오효첨(吳孝瞻)이 별시위(別侍衛) 벼슬을 하고 있는 최하(崔河)의 집에서 호삼성 《자치통감음주》의 192권부터 260권까지를 찾아서 올렸더니 상감께서 기뻐하셨다.'라는 기록이 남아 있다. 《자치통감》은 전체가 294권이므로 192권부터 260권까지라면 69권이니 전체의 4분의 1에도 못 미치는 분량이지만, 이를 구하였다고 하여 세종이 기뻐했다고 한 것을 보면 이 책에 대한 세종의 관심을 미루어 짐작할 수 있다. 아마도 이 책이 《자치통감훈의》를 편찬하는데 필수적인 참고서이기 때문이었을 것이다.

《자치통감훈의》가 완성된 것은 세종 18년(1436)이다. 이때 세종은 직접 경회루에 나아가서 이 책을 저술한 윤준 등에게 연회를 베풀었다. 이 자리에는 왕세자와 여러 대군들도 참석했다. 세종은 연회에 참석한 문신들에게 시를 한 수씩 짓도록 하고, 이를 모아서 시축(詩軸), 곧 시를 적은 두루마리를 만들어 기념했다. 이처럼 《자치통감훈의》는 임금이 직접 참여하여 출판 기념회를 열 정도로 의미 있는 책이었다.

2 《자치통감》으로 인재를 뽑으시오!

올바른 정치를 위한 사반공배의 '참고서'

세종은 《자치통감》의 반포를 왜 그렇게 국가적인 사업으로까지 추진한 것일까?

《조선왕조실록》에는 이에 관한 기록이 상당히 많다. 세종 18년(1436) 8월 경진일 기록에는 다음과 같은 세종의 말이 기록되어 있다.

> "문관과 무관을 아울러 등용하는 것이 국가를 오래 편안하게 하는 길이요. 근래에 《자치통감훈의》를 편찬한 기회를 이용하여 여러 유신(儒臣)들을 집현전에 모아놓고 전적(典籍)을 두루 살피게 하였더니 문화적인 기풍이 진작된 것 같소."

세종은 국가 경영의 목표를 문관과 무관을 아울러 등용하여 문화적 기풍을 진작하고 태평성대를 이루는 데 두고, 그 계기를 《자치통감》의 훈의 편찬에서 찾으려고 한 것 같다. 송나라 신종이 사마광이 지어 올린 책에 《자치통감》이라는 이름을 붙여주면서 한 말을 보면 세종의 뜻도 어느 정도 짐작할 수 있을 것이다.

송 원풍(元豊) 7년(1084)에 신종이 직접 쓴 《자치통감》 서문을 보면 이러한 말이 있다.

> 이 책은 무릇 열여섯 왕조를 294권에 묶어 창문 앞에 늘어놓아서 옛날부터 오늘날까지의 역사를 통합해 놓았다. 폭넓게 기록하면서도 그 요점을 확실하게 파악해두었고, 간단하게 기록한 부분 속에서도 사건의 전모를 두루 알 수 있게 하였다. 또한 전장제도(典章制度)도 다 모아놓았다.

전통적으로 중국에서는 과거의 역사 속에서 올바른 정치방법을 찾으려는 노력을 기울여왔다. 그리하여 하나의 왕조가 멸망할 적마다 전 왕조의 역사를 기록했고, 이 기록을 황제가 확인한 다음에 잘 썼다고 인정하면 이를 '올바른 역사'라는 의미로 정사(正史)라고 이름 붙였다. 그러다보니 후대에 정치를 하려고 하는 사람이 읽어야 할 역사책은 점점 많아질 수밖에 없었다.

그리하여 정치를 잘하기 위해 역사책을 읽으려고 해도 읽어야 할 책이 너무 많아서 읽지 못하는 일이 생기게 된 것이다. 아무리 좋은 책이라도 읽히지 않는다면 아무 소용이 없다.

중국 사마광이 살았던 송 왕조 시대에 바로 이러한 상황이 벌어졌다. 그 이전에 저작된 정사만 보더라도 사마천의 《사기(史記)》·반고의 《한서(漢書)》·범엽의 《후한서(後漢書)》·진수의 《삼국지(三國志)》·방현령의 《진서(晉書)》·심약의 《송서(宋書)》·소자현의 《남제서(南齊書)》·요사렴의 《양서(梁書)》와 《진서(陳書)》·위수의 《위서(魏書)》·이백약의 《북제서(北齊書)》·영호덕분의 《주서(周書)》·이연수의 《남사(南史)》와 《북사(北史)》·위징의 《수서(隋書)》·유후의 《구당서(舊唐書)》·설거정의 《5대사(五代史)》에 이르기까지 총 열일곱 종류나 되었다.

이 책들의 분량을 합치면 1,651권이나 된다. 여기에 정사보

《자치통감》 발간 이전에 출간된 정사의 분량

서명	저자	분량(권)	서명	저자	분량(권)
사기	사마천	130	북제서	이백약	50
삼국지	진수	65	북사	이연수	100
남제서	소자현	59	구오대사	설거정	150
위서	위수	130	후한서	범엽	130
남사	이연수	80	송서	심약	100
구당서	유구	200	진서	요사렴	36
한서	반고	100	주서	영호덕분	50
진서	방현령	130	수서	위장	85
양서	요사렴	56	계		1,651

다 몇 배나 많은 다른 역사책까지 합친다면 읽어야 할 역사책은 1만 권을 훨씬 웃도는 숫자가 된다. 이 역사책들은 하나하나 보면 나름대로 중요한 의미와 가치를 지니고 있는 것이지만, 이를 읽으려는 사람의 처지에서 보면 사실상 읽을 수 없을 만큼 방대한 분량인 것이다.

사반공배(事半功倍)라는 말이 있다. 일하는 수고로움은 보통의 반만 들이지만 거기서 얻는 결과, 즉 공은 배가 된다는 뜻이다. 특히 정치를 담당해야 할 사람들에게는 이러한 참고서가 있다면 이보다 더 좋은 일이 없을 것이다. 신종이 쓴 《자치통감》 서문을 보면 신종 역시 이러한 문제를 염두에 두고 있었던 것 같다.

사마광이 《자치통감》을 완성하여 황제에게 올리면서 쓴 글을 보면 이 사실이 분명하게 드러난다.

신은 지나간 역사에 대하여 거칠지만 일찍이 마음을 다하여 공부하여 왔으며, 어릴 적부터 지금 늙을 때까지도 싫어하지 아니하였습니다. 그렇게 하다 보니 늘 걱정하는 것이 있었습니다. 사마천의 《사기》와 반고의 《한서》가 나온 이후로 나온 역사책들은 번거롭다고 할 정도로 많다는 것이었습니다. 그렇기에 아무런 벼슬도 없는 포의(布衣)를 입은 선비들조차 이 많은 역사책을 두루 읽지 못하는 실정입니다. 그런데 하물며 인주(人主)께서는 하루에도 1만 가지 일을 처리하셔야 하는데 어느 겨를에 이것들을 두루 읽겠습니까?

신종은 이러한 사마광의 생각에 찬성을 보낸다.

《서경(書經)》은 군왕들이 많은 것을 듣도록 노력하고, 때에 맞도록 일을 튼튼하게 처리해야 한다고 하였소. 또 《시경(詩經)》과 《서경》, 《춘추(春秋)》 같은 책들은 모두 과거의 잘한 것과 잘못한 흔적을 밝혀서 왕도(王道)를 바르게 존재하게 하고 후세에 거울이 되고 교훈이 될 만한 것을 남겨주기 위해 있는 것이요.

이는 과거의 기록이 왕도정치를 수행하는 중요한 자료가 된다는 말이다. 신종은 서문에서 《자치통감》이 얼마나 요약을 잘해놓았으며, 필요한 부분을 놓치지 않았는지 언급했다. 《자치통감》이 왕도정치를 달성하는 데 사반공배할 것이라고 판단한 것이다.

이 같은 맥락에서 볼 때 세종이 조선 왕조의 창업 시대를 끝내고 새로운 시대의 정치를 펼쳐서 왕도정치를 실현하고자 했다면, 그 수고로움은 덜고 공로는 배가시켜 줄 이 책에 대해 앞서 살핀 것과 같은 관심을 보인 것이 당연하다.

고려 역대 왕들과 《자치통감》의 인연

사실 《자치통감》은 중국 송나라에서 서기 1084년에 완성되어 1092년에 처음으로 인쇄된 지 얼마 안 되어서 한반도에 전래된 것으로 보인다. 왜냐하면 고려 인종 23년(1145)에 김부식(金富軾)이 《삼국사기(三國史記)》를 저술할 때 참고했던 책 중에 《자치통감》이 들어 있기 때문이다. 김부식은 송나라에 세 차례 사신으로 갔는데 한 번은 북송 말기이고, 두 번은 남송 초기이다. 당시 우리나라의 대표급 지식인이었던 김부식은 아마도 이때 《자치통감》을 구해왔을 것으로 짐작된다.

그 후 《자치통감》은 고려시대 내내 제왕과 사대부들에게 많이 읽힌 것으로 보인다. 기록을 찾아보면, 충렬왕이 《자치통감》을 신하들에게 강론하도록 한 기록이 있다. 《고려사》〈충렬왕세가〉를 보면 충렬왕 13년(1287)에 '국자사업(國子司業)인 최옹(崔雍)을 불러서 《자치통감》을 강론하게 하였다.'라고 하였다. 이것으로 보아 고려 왕조는 국자감에 이미 《자치통감》을 비치하고 국자감 학생들로 하여금 책을 볼 수 있게 하고, 그러한 분위기 속에서 충렬왕이 국자감 관리를 불러서 이 책을 강론하게 했던 것 같다.

이로부터 6년 뒤인 원세조 지원 29년(1292)에는 나중에 충선왕이 된 고려 세자가 원나라 수도인 대도(大都, 북경)에 가서 원세조 쿠빌라이와 만난 이야기가 《고려사》 〈충선왕세가〉에 전해지고 있다.

> 충렬왕 18년(1292) 병술일에 충선왕이 원나라에 갔다. 9월에 원나라 황제가 자단전(紫檀殿)에서 충선왕을 불러서 보고는 본국인 고려의 일에 관하여 물으니 충선왕이 자세히 대답하였다. 그리고 10월이 되자 황제는 다시 충선왕을 침전(寢殿)으로 불렀다. 황제가 "무슨 책을 읽고 있는가?"라고 물으니, 충선왕이 대답하였다. "《자치통감》을 읽고 있습니다." 황제가 다시 "그렇다면 역대 제왕 가운데 누가 가장 현명하다고 생각하는가?"라고 묻자, 충선왕이 말하였다. "한나라 고조와 당나라 태종이라고 생각합니다."

이러한 기록으로 보아 충선왕은 세자 시절에 이미 《자치통감》을 상당히 깊이 이해하고 있었던 것을 알 수 있다.

충선왕의 뒤를 이어 왕위에 오른 그의 둘째 아들 충숙왕의 기록도 《고려사》에 실려 있다. 충숙왕은 평소에 윤선좌(尹宣佐)라는 사람이 유명하다는 것을 들어서 알고 있어서 즉위하자마자 그를 성균관 좨주(祭酒)에 임명했다. 처음에는 옆에서 부인(符印, 부절과 각인)을 관장하게 했다가 감찰집의(監察執義)로 자리를 옮겨주었다. 그리고 윤신걸(尹莘傑)과 백원항(白元恒) 같은 학자와 더불어 《자치통감》을 강론하여 올리도록 했다고 한다.

또 다른 기록을 보면 충숙왕이 원년(1314)에 묘통사(妙通寺)에 행차했다가 전 선부의랑(選部議郎)인 윤신걸과 사헌집의(司憲執義)인 윤선좌, 전 전교령(典敎令)인 백원항에게 명령을 내려 《자치통감》을 강론하라고 했다는 내용이 나온다.

《고려사》에는 고려 공민왕 19년(1370)에 명나라 황제인 주원장(朱元璋)이 공민왕에게 여러 가지 선물을 보냈다는 기록도 등장한다. 때는 중국에서 원나라가 북쪽으로 쫓겨나고, 주원장이 명 왕조를 세운지 2년이 지난 시기였다. 주원장은 상보사승(尚寶司丞) 직위에 있는 설사래(偰斯來)라는 사람을 파견하여 공민왕에게 왕새(王璽)를 보냈다.

이때 주원장은 공민왕이 법복을 만들어 입고 종묘를 받들고자 하는 것을 알고 대단히 기뻐했다는 말을 전하고, 관복과 악기·배신(陪臣)들의 관복과 홍무 3년(1370)의 대통력(大統曆)을 하사했다. 또한 이때 공민왕에게 《6경(六經)》과 《4서(四書)》, 《자치통감》과 《한서》를 하사했다고 한다.

이 기록은 중국에서 왕조가 바뀌면 새 황제가 주변국 왕에게 왕의 인장인 왕새를 새로 만들어주는 전례가 있었음을 보여준다. 이 절차는 한편으로는 자기 왕조의 건국을 주변국에게 알리는 것이고, 다음으로는 기존의 국제 질서 속에서 종주국으로서의 역할을 다하겠다는 뜻을 내보이는 것이었다.

이러한 때에는 비교적 공손한 태도를 유지하며, 아울러 좋은 선물도 보내는 것이 관례였다. 명나라 황제가 보낸 선물 속에 《자치통감》을 포함시켰다는 것은 당시에 《자치통감》이 그만큼 귀했고, 당시 고려인들도 같은 생각을 갖고 있었음을 보여주는 증거라고 할 수 있다.

고려 왕조가 바야흐로 이성계 세력에 의해 멸망할 조짐을 보이던 우왕의 시기에도 《자치통감》과 관련한 기록이 있다. 아마 어느 신하가 우왕에게 국가의 장래 문제를 걱정하는 상소문을 올린 것 같다. 이 상소문을 읽은 우왕의 마음은 대단히 울적했다. 그래서 우왕은 "상소문을 읽고 자못 부끄럽고 후회가 되었다. 그리하여 책을 읽고 싶으니 《자치통감》 1부를 올리라."라고 명령하였다.

조선시대 과거 시험의 필수 과목

군주가 《자치통감》에 대한 강의를 듣거나 책을 읽는 일은 조선시대로 내려와서도 마찬가지였다. 조선시대에 《자치통감》과 관련한 책을 군주가 참석하는 경연(經筵) 자리에서 강론한 사례와 군주가 《자치통감》을 직접 읽었다는 기사도 여러 건이 있다.

정종 2년(1400) 정월에 임금이 처음으로 경연에 참석했는데,

이때 지경연사(知經筵事), 즉 경연에 관한 일을 주관하는 관직에 있던 권근(權近)이 《통감촬요(通鑑撮要)》를 강론하였다. 《통감촬요》는 《자치통감》의 요점을 정리한 책이다.

> 인주학(人主學)이란 책을 읽는 것만이 아닙니다. 반드시 먼저 그 마음을 올바로 하여야 하는 것입니다. 그러기 때문에 부열(傅說)은 고종(高宗)에게 '오직 뜻을 겸손하게 하는 것을 배우십시오.'라고 말했습니다. 겸손이라는 것은 마음을 텅 비운다는 말입니다. 마음에 가리는 것이 있게 되면 말 한마디를 듣거나 일 한 가지를 보고 이에 응대하더라도 반드시 올바르게 되지 않을 것입니다.

여기서 고종이란 중국 은(殷)나라 시대의 훌륭한 임금으로 추앙받는 23대 무정(武丁)을 말하는 것이며, 부열은 그의 재상이었다. 권근은 부열이 무정에게 겸손함을 배우라고 했다고 하지만, 실제로는 '허물을 수치로 알고 잘못을 저지르지 말라.'라고 한 것이다.

임금이라도 허물이 있을 수 있는데, 허물을 짓고서 이것이 알려지는 것을 수치로 생각하고 고칠 생각은 하지 않으면 안 된다는 뜻이다. 이 이야기는 전한의 혜제가 잘못을 저지르고는 숙손통의 말을 들은 뒤에도 이를 호도하려 한 사건이 있었는데,

이에 관하여 사마광이 평론한 말 가운데 나온다. 권근은 이 대목을 이용하여 정종에게 왕으로서 처신해야 할 바를 밝힌 것이다.

이렇게 《자치통감》이 제왕학(帝王學) 교재로 인식되었기 때문에 제왕을 돕는 관리도 당연히 이 책을 읽지 않으면 안 되었다. 전통 시대의 관리란 정치를 담당하는 사람이었고, 《자치통감》은 정치하는 법을 공부할 수 있는 책이었기 때문이다. 그리하여 태조 이성계 때에 벌써 관리를 선발하는 과거 시험에 《자치통감》을 출제하도록 정해놓았다.

상고 때부터 한말(韓末)에 이르기까지의 문물제도를 총망라하여 분류 정리한 《증보문헌비고(增補文獻備考)》에 나와 있는 관련 기록을 살펴보자.

태조 원년(1392)에 과거법을 확정하였는데, 왕이 말하였다. "문무(文武) 두 과 가운데 어느 한쪽을 없앨 수는 없다. 국학과 향교에 학생 수를 늘려서 강의하고, 권면하는 일을 더 두텁게 하여서 인재를 양육하라. 그 사람들을 뽑아 쓰는 과거법은 본래 나라를 위하여 사람을 뽑는 것이고, 좌주(座主)의 제자들이라고 부르는 사람들이 공적인 천거를 받는 것인데, 사사롭게 은혜를 베풀고 있으니 이는 과거법의 본래 뜻에 대단히 맞지 않는다.

지금부터는 안으로는 성균관의 정록소(正錄所)와 밖으로는 안
렴사(按廉使)가 경전에 밝고 수행을 잘한 사람을 가려 뽑되
나이가 찬 사람을 조상 3대까지 살피고, 경서에 능통한 사
람을 성균관장에게 올려 보내어 두 곳에서 《4서》, 《5경》, 《통
감》 이상을 시험하게 하라. 경전을 얼마나 많이 전체적으로
이해하고 있는지와 그 이치를 자세히 아는지, 거칠게 보는지
를 살펴보아서 그 높고 낮은 것의 순서를 정하여 첫째 시험
으로 하라.

여기에서 합격한 자는 예조로 보내어 표문(表文)과 장주(章奏)
쓰는 것과 고부(古賦)를 시험하게 하여 이것을 두 번째 단계
로 하라. 다시 정책을 묻고 이에 대답하는 것을 맨 마지막 단
계로 하여 이 세 단계를 거쳐서 합격한 사람 서른세 명을 이
조(吏曹)로 보내어 그곳에서 그들의 재주를 헤아려서 발탁하
여 채용하도록 하라."

이 기록으로 보면 과거시험에서 《4서5경》과 《자치통감》을 가
장 먼저 시험 보았다는 사실을 알 수 있다.

무과 시험 과목에 대해서는 《경국대전(經國大典)》 규정을 보
면 알 수 있는데, 무과의 두 번째 시험인 복시(覆試)에서 《자치통
감》을 시험 보았다는 내용이 있다. 병조와 동훈련원(同訓練院)의
7품 이하 관리의 이름과 수를 기록했다가 초시(初試)와 마찬가지

로 《4서》와 《5경》 가운데 한 가지 경전과 《무경(武經)》의 일곱 종류 책 가운데 한 가지를 고르고, 《자치통감》과 《병요(兵要)》·《장감박의(將鑑博議)》·《무경》·《소학(小學)》 가운데 하나를 골라서 시험을 치렀다는 것이다.

또한 통역에 필요한 사람을 뽑는 역과에서도 《소미통감(少微通鑑)》 등 몇 종류의 책 가운데 하나를 골라서 강론하게 했다는 내용이 있다. 《소미통감》이란 강지(江贄, 호가 소미이다)가 《자치통감》을 요약하여 50권으로 묶은 책을 말한다.

조금 후대로 내려와서 예종 때(1469)에도 사관을 뽑을 때《춘추좌전(春秋左傳)》과 《자치통감》·《소학(小學)》 가운데 하나를 골라 시험 치도록 했다. 이 과거법은 그 후 세조 2년(1456)에 양성지(梁誠之)가 내놓은 개혁안에 따라서 얼마간 바뀌는데, 특히 역사책이 시험 과목에 많이 포함되는 쪽으로 바뀌었다. 여기에도 《자치통감》이 들어 있었음은 물론이다.

이러한 기록들을 볼 때 《자치통감》이 조선시대의 과거 시험 과목 가운데 흔들림 없는 위치를 차지하고 있었음을 알 수 있다. 조선시대 사대부들은 각기 전공이 문과냐 무과냐, 역과냐 사관이냐를 막론하고 거의 다 《자치통감》을 공부하지 않으면 안 되었던 것이다.

《증보문헌비고》에는 세조 5년(1459)에 과거에 별과(別科)를 설치하고 과거 시험을 실시한 다음, 세조가 합격자 네 명을 경회

루에 불러 놓고 이들에게 여러 가지 책을 강론하게 했다는 기록
이 보인다.

상감께서 경회루에 직접 나가시어 합격자 네 명을 불러오도
록 명령했다. 그리고 이들에게 《계몽(啓蒙)》과 《중용(中庸)》을
강론하게 하였는데, 최자빈(崔自賓)과 이맹현(李孟賢)은 이 두
책을 두루 잘 알고 있었다. 세조가 《자치통감》을 강론하게 하
고서 이들에게 질문을 던졌다. "한대에 고조(高祖)와 항우(項
羽) 가운데 누가 더 올바르고 위대하였는가?" 하니 최자빈은
'항우가 정대(正大)하다'고 하였고, 이맹현은 '한 고조가 더 정
대하다'고 하였다. 이 말을 듣고 세조는 이맹현을 으뜸으로
정하였다.

이처럼 세조 역시 《자치통감》을 중요한 책으로 여겼다. 그렇
기 때문에 그의 아버지 세종이 《자치통감훈의》를 편찬한 뜻을
알고, 그에 따라서 수시로 《자치통감》의 중요성을 일깨우고 있
었다.

3 해와 별과 같은 책으로 인식하다

열일곱 종 정사를 《자치통감》으로 대체하다

앞서 말한 대로 《자치통감》이 우리나라에 들어온 것은 세종대왕이 《자치통감훈의》를 출간하기 약 300년 전, 즉 김부식이 《삼국사기》를 썼던 고려 인종 23년(1145) 이전으로 보인다. 《자치통감》이 1084년에 완성되어 1092년에 초판 인쇄되었으므로 초판이 나온 지 50년도 안 되어 수입된 것이다.

그렇다면 이렇게 일찍 수입된 《자치통감》이 왜 세종대에 와서야 큰 주목을 받았을까? 아마도 고려시대의 역사학 수준으로는 중국에서 《자치통감》 같은 책이 나오게 된 이유를 제대로 이해하지 못한 것 같다. 그래서 김부식도 《자치통감》을 여느 역사 기록물 정도로만 여기고 단순히 역사 사료나 찾아보려고 했던 것이다.

전통적으로 동양에서는 성인(聖人)이 군주가 되는 것을 이상으로 삼았다. 그래서 중국의 요 임금과 순 임금처럼 자기 아들에게 왕위를 물려주지 않고 훌륭한 사람을 찾아서 왕위를 물려주는 제도, 즉 왕위를 선양하는 것을 이상적인 왕위 계승방법으로 생각했다. 그러나 순 임금에게서 선양을 받은 우 임금이 자신의 아들에게 왕위를 세습시키면서 이후 이러한 왕위 세습적 계승법이 대세로 자리 잡는다.

이러한 체제가 정착하면서 성인을 제왕으로 선택하는 이상은 사라지고, 대신 제왕이나 제왕의 후계자를 성인으로 만들려는 노력이 이어진다. 제왕이나 그 후계자를 성인이 되도록 교육하는 것이다. 여기에 훌륭한 성인군주로 만들기 위한 제왕학이 생기고, 제왕학의 교재를 선택하는데, 바로 이 《자치통감》이 제왕학의 교과서가 된 것이다.

이 전통이 후대로 전해져 《자치통감》은 조선시대에 이르러 군주의 필독 도서로 완전히 자리 잡은 듯하다. 《조선왕조실록》 태종 17년(1417) 기록을 보면, 태종이 대언(代言) 등에게 "나는 경서(經書)와 《통감》, 《송사(宋史)》, 《삼국사》, 전 왕조의 역사를 두루 읽었다."라고 한 말이 나온다.

여기에서 《삼국사》는 우리나라 삼국시대의 역사를 말하는 것이고, 전 왕조의 역사란 고려 왕조를 말하는 것이므로 태종이 우리나라의 역사를 두루 공부했음을 알 수 있다. 또 당시로선 중국 역사도 우리의 것 못지않게 중요했으므로 여기에 《자치통감》과 《송사》가 들어있는 것이다. 당시는 원 왕조가 멸망한 지 얼마 안 된 시기로 《원사》는 아직 편찬되지 않은 시점이었다.

그런데 태종은 중국의 역대 역사책을 읽었다고 하면서 송 왕조 이전에 있었던 왕조의 정사(正史), 즉 《사기》·《한서》·《후한서》·《구5대사》 등 열일곱 종이나 되는 책들은 언급하지 않고 오직 《송사》와 《자치통감》만 거론하고 있다.

그렇다면 송 왕조 이전의 역사는 《자치통감》 한 권으로 정리했다는 것인가? 물론 《자치통감》은 전국시대부터 5대 말까지 서술한 책이므로 이러한 논리가 전혀 불가능한 것도 아니다. 만약 이러한 논리를 그대로 수긍한다면, 태종은 《자치통감》을 지었던 원래의 목적대로 만 가지 일을 다 챙겨야 하는 임금으로서 시간을 가장 절약하면서도 모든 역사를 다 읽어야 하는 소기의 목적을 《자치통감》 하나로 달성한 것이라고 할 수 있다.

역사학 가운데 제일 먼저 읽을 책

이상에서 살펴보았듯이 《자치통감》은 조선시대에 이르러 중요한 '정치 교과서'로서 확고한 지위를 확보했다. 세종이 《자치통감훈의》를 편찬하고, 이를 인쇄하여 전국에 배포하는 등의 사업을 벌인 것도 이러한 분위기가 있었기에 가능한 일이었다. 세종대의 분위기는 그 다음 대인 세조를 거쳐, 그 이후 대에도 계속 이어진다.

세조 5년(1459)에 좌승지인 이극감(李克堪)이 세조에게 편지를 올렸다.

> 세종대왕께서는 문치를 우선하고 유학을 일으키셨으며, 마음을 항상 책을 보시는 일에 두셨는데, 그러한 책들이 하나 둘이 아닙니다. 예컨대 《자치훈의(資治訓義)》, 《강목훈의(綱目訓義)》, 《좌전(左傳)》과 한유(韓愈)와 유종원(柳宗元)의 문장과 《두시주해(杜詩註解)》, 《대소사륜집(大小絲綸集)》, 《병요(兵要)》, 《삼강행실(三綱行實)》 등이 그러한 책입니다. 그러나 정치를 실체를 다루었으며 뒤에 이을 사람이 꼭 보아야 할 책이라면, 하나는 두 종류의 훈의이며, 다른 하나는 《치평요람(治平要覽)》입니다.

이극감은 세조에게 그의 아버지 세종이 읽던 책을 제시한 것이다. 그 가운데서도 《자치통감훈의》와 《자치통감강목훈의》를 가장 중요한 책으로 들고 있다.

세조 9년(1463)에는 세조가 세자 교육을 담당하고 있는 최항

(崔恒)과 교육 내용에 대해 논의한다. 세조가 "지금 세자는 《상서
(尙書)》를 읽고 있으니, 이것을 다 끝마친 다음에 《시경》을 가르
쳐야 할 것이고, 《시경》을 다 읽힌 다음에는 《통감》을 읽히고 싶
은데 어떠하오?"라고 물으니, 최항은 그 자리에서 "지당한 말씀
입니다."라고 답하였다.

이 이야기는 간략하지만 그 시사점은 크다. 다음 왕위를 이
어갈 세자의 교육 과정에 관한 것이기 때문이다. 《상서》와 《시
경》은 유가의 《5경》 가운데 속한 책으로 전통적으로 중요시되는
책이었다. 그런데 다음에 《자치통감》을 읽혀야 한다는 데에 두
사람의 의견이 일치하고 있는 것이다.

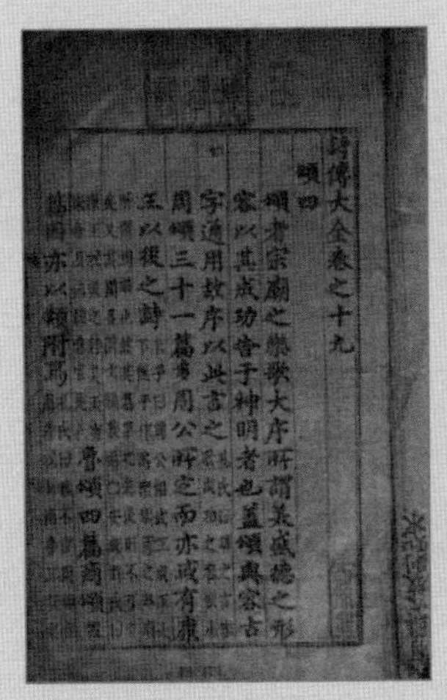

《시경》

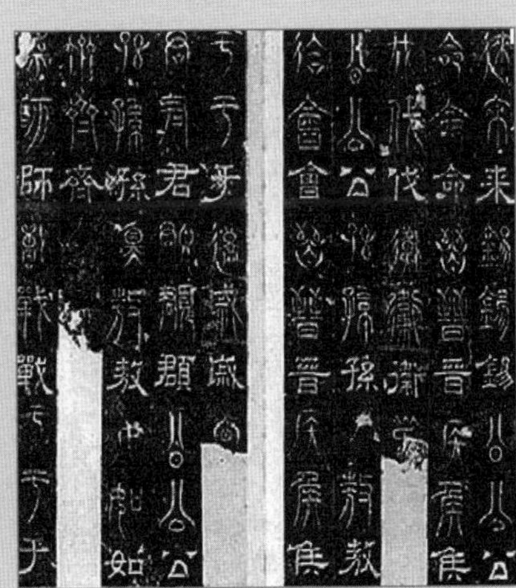

《상서》

같은 시기에 이극감은 세조에게 다음과 같이 말하였다.

> 신 이극감이 엎드려 《자치통감》을 보았는데, 이 책은 사마온
> 공(사마광은 온국공에 봉해졌기 때문에 흔히 사마온공으로 불린다)이
> 편찬한 것이지만, 범조우(范祖禹)와 유서(劉恕) 같은 사람의
> 도움을 받아서 19년 세월을 거쳐서 완성된 것입니다. 신 이
> 극감은 그 책의 범례와 스승이나 벗들 사이에 왕래하였던 편
> 지도 읽었는데, 대단히 용의주도하였습니다. 그러하니 《자치
> 통감》이라는 이 책을 마치 신명(神明)처럼 존경하였고, 해와
> 별처럼 우러러보았기 때문에 감히 이의를 다는 사람이 없었
> 고 이익이 되는 것이 많습니다.

이것으로 보아 이때에 이미 《자치통감》이 편찬된 과정까지
다 알고 있었던 것으로 보인다.

《조선왕조실록》에는 세조 9년(1463)에 최항이 한 말도 기록되
어 있다.

> 《자치통감》은 역사학 서적 가운데 용마루에 해당하는 책이기
> 때문에 마땅히 제일 먼저 알아야 할 책입니다.

용마루란 지붕 위의 마루로 제일 높은 곳인데 《자치통감》이

차지하는 위치를 용마루에 비유하였으니, 당시 《자치통감》에 대한 인식을 잘 보여주는 말이다.

이 책에 대한 높은 평가는 그 후로도 변하지 않는다. 예컨대 《조선왕조실록》 성종 11년(1480) 10월 기록을 보면, 강희맹(姜希孟)이 "《자치통감》은 역사가들이 공부해야 할 기본적인 책입니다."라고 한 내용이 나온다.

한참 뒤인 영조 20년(1744)에 이르면, 영조가 《자치통감》의 권수(卷首)를 간행하도록 명령하고 직접 시 한 수를 짓고 있다.

> 역대 제왕들이 깊이 깊이 세월을 향유하였으니,
> 하늘의 이치는 순수하여 한 마음처럼 담백하구나.
> 역사책을 읽을 때면 의당 성현의 법을 앞세워야 하니,
> 우 임금, 탕 임금과 요 임금, 순 임금이 앉았던 자리가 옆에 있는 듯하다.

조선 후기의 '중흥 군주'로 널리 알리진 영조는 《자치통감》을 통해서 그 옛날 성인 군주들이 정치했던 모습을 본 것 같다. 영조는 이어 영조 20년(1774)에 옥당관(玉堂官)을 불러놓고 《자치통감》 가운데 삼국시대 소열제(昭烈帝)에 관한 부분을 강론하게 했다. 소열제는 삼국시대 때 촉한을 세운 유비를 말한다.

조선시대 때 《자치통감》을 읽은 왕이 세종과 세조, 영조뿐은

아닐 것이다. 기록으로 남아 있지는 않아도 《자치통감》은 제왕이 반드시 읽어야 할 책으로 인식되었다. 그리고 이 같은 임금의 생각은 일반 사대부들에게도 널리 영향을 미쳤다.

누구에게나 필요했던 《자치통감》

조선시대에 《자치통감》과 관련한 기록은 참으로 많은 편이다. 그만큼 중요하게 생각했고, 그래서 특별한 때에 《자치통감》을 하사하는 경우도 있었다. 세조 6년(1460)에 병조에서 무과 합격자에게 《자치통감》을 나누어주게 해달라고 요구하자, 이어 관직을 수행하려면 반드시 《자치통감》이 필요하니 무과합격자가 이 책을 강론할 수 있게 하라는 령이 내려졌다.

여기서 국방을 담당하는 무관들에게도 이 책을 읽히려고 했음을 알 수 있다. 세조 10년(1464)에 함길도 절제사 강순(康純)이 올린 편지를 보자.

> 본 도에는 서적이 아주 적습니다. 그러나 각 진(鎭)에 있는
> 군사들은 매번 기밀에 관한 것을 담당하고 있으니, 청컨대
> 《병요(兵要)》와 《병서(兵書)》·《진서(陣書)》·《병장설(兵將說)》·
> 《백장전(百將傳)》·《자치통감》을 반포하여 주시면 항상 이들

에게 익혀서 병가(兵家)에서 사용하는 전략을 알게 하겠습니다.

　강순이 요청한 여섯 종류의 책 가운데 다섯 종류가 모두 군사에 필요한 무서(武書)였던 것은 군진에서 병서를 읽는 것은 당연하기 때문에 쉽게 이해할 수 있다. 하지만 그 속에 병서가 아닌 《자치통감》이 포함된 것은 다소 의외일 수 있다. 아마 《자치통감》이 전략을 공부하는 데도 도움이 된다고 인정했기 때문일 것이다. 이것은 일반적으로 《자치통감》을 단순한 역사책으로만 보지 않았다는 증거이다.

　이 밖에 성종 때에는 당상관이 된 사람들에게 《자치통감》을 하사했으며, 중종 때 정몽주를 기념하는 서원인 임고서원(林皐書院)을 건립할 때에도 이 책을 하사했다.

　이러한 영향으로 《자치통감》은 조선시대에 사대부 교육 교재로 널리 쓰였다. 《자치통감》은 문무를 가릴 것 없이 필요했기 때문이다. 그리하여 당시 기초적인 문자 교육을 받은 사람들이 읽어야 할 필수 교재는 《4서》와 《3경》, 그리고 《자치통감》이었다. 당시 지식들이 이 책을 통해 과거의 역사를 이해하고, 그 속에서 교훈을 얻으려고 했던 만큼 이 책은 그들의 정신적인 토대였다고 할 수 있다.

　조선시대 사대부들은 백성을 잘 다스려서 치세를 이룩하려는

《자치통감》을 지방에서 인쇄하기 위해 만든 목판

김우옹(金宇顒, 1504~1603)의 저서인 《속강목》을 인쇄하기 위하여 만든 판목이다. 김우옹의 《속강목》은 주희의 《자치통감강목》의 필법을 이어 받아서 송대 이후의 역사를 기록하고 있는데, 이는 중국인들이 주자적 필법에 철저하지 못한 점에 불만하여 쓴 것이다. 이 목판은 순조 8년(1808)에 왕명으로 성주(星州) 청천서원(晴川書院)에서 초판 활자본의 오자를 바로 잡아 만든 것이다. 이 목판은 성주군의 문화재로 보관되어 있다.

데에 학업의 목표를 두었다. 그러므로 이들이 읽고 공부하고 토론한 책들은 대부분 정치 관련 서적이었다. 그런데 조선시대의 제왕과 사대부들이 모두 《자치통감》을 중시했다는 것은 이 책의 내용은 과거의 역사 사실을 기록한 역사서지만, 청나라 말기의 학자이자 언론인인 양계초(梁啓超)가 말한 대로 실제로는 전통 시대의 '정치 교과서'였음을 알 수 있다.

이러한 이유로 《자치통감》의 인쇄와 반포가 끊이지 않고 이어졌던 것이다. 중국 5대시대에 시작된 동양의 인쇄술은 북송시대에 과거제의 발달로 큰 진전을 보았다. 인쇄술은 주로 유가의 경전, 즉 《9경》이나 역사책을 인쇄하는 데 사용됐는데, 북송시대에는 정부가 이 사업을 시작했던 것이다. 중국의 인쇄 기술은 고려로 전해져서 대각국사 의천(義天)이 불경을 4,000여 권이나 간행했다는 기록이 있다. 그 후 팔만대장경 판각이 만들어졌으며, 앞에서 말한 대로 세종이 《자치통감훈의》를 동활자로 인쇄하여 전국에 반포한 것이다.

중종 10년(1515)의 기록을 보면, 당시 중국에서 간행된 《자치통감》을 구해보고 그 글자의 모양과 크기를 비교했던 것 같다. 이에 따라 갑인자(甲寅字, 세종 16년에 만든 동활자)와 갑진자(甲辰字, 성종 15년에 만든 동활자)의 잘못된 바를 바로잡고, 중종 13년(1518) 《통감찬요(通鑑纂要)》를 인쇄하도록 했다.

선조 7년(1574)에는 '《자치통감》을 사건별로 재편집하여 사건의 전말을 밝힌 《통감기사본말(通鑑記事本末)》이라는 책이 역사를 공부하는 데 편리하다.'는 말씀을 올리니, 선조가 예조에 명령을 내려서 '이 책들을 인쇄하라.'고 했다는 기록이 나온다.

그 이듬해에 선조는 "교서관(校書館, 조선시대에 경적(經籍)의 인쇄와 교정, 향축(香祝)과 인전(印篆) 따위를 맡아보던 관아)에 《자치통감》을 인쇄, 출간하는 문제가 어떻게 되었느냐?"라고 물었다. 이때 《통감》의 인쇄가 아직 끝나지 않았다는 보고를 받고 간각(刊刻)을 독촉하였다고 한다.

광해군 4년(1612)에는 《자치통감》과 《사략(史略)》의 교정에 참가한 사람에게 상을 내리고 말도 하사했으며, 《사략》과 《통감찬요》 그리고 《시경언해》를 새로 고쳤는데, 이때 글씨를 써넣은 사람들에게 쌀과 포(布)를 차등 있게 하사하였다.

한참 후인 숙종 37년(1711)의 기록을 보면, 《자치통감》을 수정하면서 예안에 사는 김집(金漢)의 집에 《자치통감》이 전부 있다는 소식을 듣고 이 책을 가져다가 호남과 영남 지방에서 각기 절반씩 인쇄하여 본관에 비치하게 했다고 한다.

조정의 경연 교재로 쓰이고, 국가가 나서서 인쇄·배포하고, 과거 시험 과목으로 지정하고, 학교 교육 교과로 지정되었으며, 특별한 때에 임금이 상으로 내려주었던 책 《자치통감》. 고려와 조선시대를 통틀어 이만큼 주목을 받은 책도 드물다.

그러면 중국의 역대 역사를 기록한 《자치통감》이 고려·조선에서 이토록 중시된 까닭은 무엇이었을까? 비록 다른 나라의 역사를 기록한 책이라고 하더라도, 당시 위정자들이 보기에 그만한 효용성이 있다고 여겼기 때문에 그러했을 것이다. 즉 《자치통감》은 그 서술 대상이 중국 역사라고 하더라도 그 속에 있는 백성을 다스리는 방법은 어느 나라, 어느 시대에도 적용할 수 있는 것이기 때문이다.

4 사마광은 역사가인가, 정치가인가?

《자치통감》의 시작과 완성

우리나라에서도 이처럼 주목받은 《자치통감》. 그렇다면 사마광은 언제부터 《자치통감》을 쓰기 시작했을까? 분명한 기록은 찾기 어렵다. 《송사》〈사마광전〉을 보면, 다음과 같이 기술하고 있다.

사마광은 늘 역대의 역사책이 번잡하여 임금이 그 책들을 두루 읽을 수가 없음을 걱정하였다. 그리하여 드디어 《통지(通志)》 여덟 권을 지어서 바쳤더니 신종(神宗)께서 이를 보고 기뻐하였다. 그리고 바로 명령을 내려서 새롭게 사국(史局)을 비각(秘閣)에 설치하고, 그 책을 계속 편찬하게 하였다. 그리고 신종 황제는 이 책의 이름을 《자치통감》이라고 지어주고, 스스로 서문까지 써주며 매일 자신 앞에서 읽도록 하였다.

사마광이 전국시대의 역사를 《통지(通志)》라는 이름으로 여덟 권을 지어 바친 것은 영종 치평 4년(1067) 10월 초였고, 그달 9일에 경연에 나아가서 황제에게 읽어주었다. 《통지》는 《자치통감》이라는 서명을 하사받기 전의 이름이다. 그러므로 사마광이 《자치통감》의 첫 여덟 권을 쓴 것은 1067년 10월 이전의 일이라고 할 수 있다. 그러나 사마광이 실제로 《통지》를 바친 황제는 영종(英宗)이 아닌 신종(神宗)이었다. 영종은 치평 4년 정월에 죽었기 때문이다. 당시에는 황제가 죽은 해의 12월까지는 전 황제의 연호를 쓰는 것이 상례였다. 따라서 그 뒤를 이어 즉위한 신종이 경연을 열고 이 책을 강론하도록 한 것이며, 책의 이름도 지어준 것이다.

신종은 이 책을 보고서 사마광의 면전에서 서문을 지어주었다. 그리고 책이 완성되면 이 서문을 완성된 책의 앞에 붙이라고 하였다. 그런데 이 책을 완성하기까지는 그 뒤로도 17년이라는 시간이 더 걸렸다. 그리고 신종이 이때 미리 써 준 〈어제서문〉은 이 책이 완성된 뒤에 《자치통감》의 앞부분에 실린다. 어쨌든 사마광은 《자치통감》을 집필하는 데 온 정열을 다 바쳤다. 이 기간은 사마광이 정치가의 길을 접고 역사가가 된 시기라고

사마광(司馬光, 1019~1086)

사마광은 역사가로만 알려져 있으나, 전통 시대의 여느 사대부
들과 마찬가지로 현실 정치와 떼려야 뗄 수 없는 관계를 맺고 있
었다. 이 초상화는 청대에 제작되어 남훈전(南薰殿)에 소장되어
있는 선현상(先賢像) 가운데에 있는 것이다.

도 할 수 있다.

사실 이해부터 북송의 정치적인 상황은 크게 바뀌고 있었다. 구양수(歐陽修, 1007~1072)는 파면되었고, 왕안석(王安石, 1021~1086)은 한림학사(翰林學士)가 되었다가 다시 2년 뒤에 참지정사(參知政事), 즉 재상이 되어 신법(新法)을 시행했다. 다음 해인 신종 희녕 3년(1070)에 이르러 왕안석은 신법을 더욱 힘써 시행했는데, 이때 사마광·여공저(呂公著, 1018~1089)·조변·정호·소식(蘇軾, 1037~1101) 같은 인물들이 파면되는 정치적 소용돌이가 일어났다.

이때 사마광은 스스로 판서경어사대(判西京御史臺)라는 직책을 황제에게 청하여 수도인 개봉(開封)을 떠나 낙양(洛陽)으로 갔다. 그리고 굳게 입을 다물고 정치적인 일에 대해 아무런 논평도 하지 않았다. 다만 황제가 말을 좀 하라는 조서를 내렸을 때, 이 조서를 읽고 눈물을 흘리며 아무 말 없이 있으려 하다가 참지 못하고 당시의 중요한 여섯 가지 사안에 대해 자신의 견해를 밝힌 적이 있다.

그러나 전체적으로는 정치 일선에서 떠나 있었고, 신종 원풍 7년(1084)에 드디어 《자치통감》 324권을 완성하여 신종에게 바쳤다. 《통지》라는 이름으로 《자치통감》 여덟 권을 바친 지 17년 만의 일이었다. 여기서 《자치통감》 324권이란 《자치통감》의 본문 294권과 《자치통감고이(資治通鑑考異)》 30권을 합해 이른 것이다.

그런데 공교롭게도 그 다음 해에 신종이 죽고 철종이 뒤를
이었다. 사마광은 문하시랑(門下侍郞)이라는 자리에 기용되었고,
다음 해인 철종 원우 원년(1086)에는 재상이 되어 신법을 철폐하
였다. 이해 4월 사마광과 라이벌 관계였던 왕안석이 죽고, 사마
광도 9월에 죽었다.

정치가인가, 역사가인가?

사마광은 서기 1019년에 태어나서 1067년까지 48년 간 당시 다
른 사대부들과 똑같은 길을 걸어갔다. 과거 시험을 거쳐서 관
직 생활을 했으므로 이는 여느 정치가와 다름없었다. 그러다가
49세가 되었을 때 홀연히 정치를 떠나서 《자치통감》이라는 역
사책을 집필하였고, 66세에는 노구를 세우고 다시 정치 일선에
나섰다가 2년이 채 못 되는 기간 동안 재상 자리에 있다가 죽
었다. 이러한 그의 일생을 놓고 볼 때 그를 정치가라고 해야 할
까, 아니면 역사가라고 불러야 할까?
　오늘날 사마광을 거론할 때에는 그의 불후의 명작인 《자치통
감》을 떠올리기 때문에 그를 위대한 역사가로 규정하는 경우가
많다. 그러나 그가 20세에 진사에 급제하여 47년간이나 관직에
머물러 있었고, 정치 일선에서 물러나 전적으로 《자치통감》을

집필한 17년 간을 뺀다고 해도 30년 간이나 순전히 정치적인 업무를 수행했다는 사실을 상기한다면 그렇게 쉽게 결론 내리기 어렵다.

사실 오늘날 과거의 인물을 정치가인지, 역사가인지 구분하는 것은 상당히 생각해봐야 할 문제이다. 과거 전통 시대에는 사대부가 책을 읽고 공부하는 목적은 왕도 정치를 실현하는 데에 있었다. 왕도 정치를 실현하는 과정에 어떤 방법으로 참여하고, 어떤 역할을 담당할 것이냐 하는 문제는 사람마다 그 대응 방식이 약간씩 다르다. 그러나 당시는 사대부가 정치를 완전히 떠난 상태에서 오늘날과 같은 전문적인 역사가가 될 수도 없었고, 되어서도 안 되는 시대였다.

전통 시대의 사대부가 취한 행동 양식을 한 마디로 표현하면 '내성외왕(內聖外王)'이라고 할 수 있다. 개인적으로는 성인이 되도록 끊임없이 노력하며, 대외적으로는 천하에 왕도정치를 펴서 태평성대의 치세를 이룩하는 것이 내성외왕이다. 전통 시대의 사대부라면 비록 상황에 따라서 정치 일선에서 물러날 수는 있어도, 왕도정치라는 목표를 바꿀 수는 없는 것이다.

따라서 후대에 역사가로 알려지지 않은 사람이라 할지라도 그것은 그 사람이 직접 정치에 참여하지 않았거나 할 수 없었다는 뜻이지, 아예 정치를 버렸다는 말은 아니다. 사마광도 그가 아무리 정치에서 손을 뗐다고 해도 실제로는 끊임없이 정치와 연관된 삶을 살았고, 《자치통감》의 저술 역시 정치 행위의 다른 형태였다고 보아야 할 것이다.

정치가 사마광

그렇다면 이제 《송사》〈사마광전〉을 통해 그가 정치 일선에서 물러나기 직전의 상황을 살펴보자. 사마광은 젊어서 집현전 교리가 되었다가 방적(龐籍)의 추천으로 병주통판(并州通判, 병주는 산서성 태원시)이 되었다. 이때 사마광의 나이 37세였는데, 송대에 통판이란 직책은 한 주(州)의 부책임자 정도였다.

방적은 추밀사로 있으면서 사마광을 추천하여 시관각(試館閣) 교감(校勘)으로 불러들였던 사람이다. 그 후 운주(鄆州, 산동성 동평현) 지역을 진수(鎭守, 군대를 주둔시켜 지킴)할 때에도 다시 사마광을 불러 막료로 삼고 운주에 있는 학교들을 관장하게 했었다. 그런데 병주로 오게 되자 다시 사마광을 불러들였던 것이다. 그러므로 방적은 사마광의 후견인이라고 해도 좋을 만한 사람이었다.

그런데 당시 인주(麟州, 섬서성 신목현)에서 들을 개발하여 황하 서쪽에 좋은 농지를 많이 만들었는데, 서하(西夏) 사람들이 그 땅을 조금씩 잠식해 들어와 황하 동쪽 사람들이 많이 걱정하고 있었다. 서하는 북송시대에 북방의 요(遼)나라와 함께 북송 왕

북송시대 중국 지형도

조와 대치하던 나라이다. 그래서 중국의 서부 지역은 항상 경계를 늦출 수 없었다.

방적은 사마광에게 명령을 내려서 이 지역 실정을 시찰하게 했다. 이에 사마광은 한편으로는 두 개의 보루를 만들어서 서하 사람들을 막고, 다른 한편으로는 사람들을 모집하여 그 지역에서 경작하게 하여 지역의 안정을 도모했다. 정상적인 정치적 활동이었다.

이 정책이 성공을 거두자 농사짓는 사람들이 많아져 이 지역에서는 곡식 값이 싸졌고, 그 결과 평야 지대로 농지가 많았던 황하 동쪽 지역에서 오히려 곡식 값이 오르는 현상이 나타났다. 그리하여 곡식의 주 생산지인 동부 지역에서 서부로 곡식을 운반해 와야 하는 부담을 덜게 되었다.

이때 인주 지역의 장수 중에 곽은(郭恩)이라는 사람이 있었는데, 이 사람은 앞뒤를 가리지 못하고 용감하기만 했다. 그런 곽은이 밤에 군사를 이끌고 황하를 건너와 분탕질을 하는 바람에 이 지역 수비를 책임지고 있던 방적이 죄를 받아서 적몰되었다. 그러자 사마광은 방적의 처를 마치 어머니처럼 모셔서 당시 사람들이 모두 사마광을 칭송했다.

정치가 사마광의 면모를 보여주는 일화는 이 밖에도 많다. 한번은 교지(交趾, 베트남 북부) 지역에서 기린(麒麟)이라고 하는 짐승을 공물로 보내왔는데, 대부분의 사람들은 기린이 상서로운 동물로 보고 이는 길한 징조라고 했다.

그러나 사마광은 짐승을 돌려보내라고 주장했다. 첫째로 그 이상한 짐승이 진짜 기린인지 아닌지 알 수 없고, 둘째로 설사 그 짐승이 진짜 기린이고 또 기린이 나타나면 상서로운 징조라 할지라도 기린이 스스로 나타난 것이 아니라 사람이 잡아서 억지로 끌고 온 것이므로 상서로운 일이 되지 않는다는 것이었다. 이처럼 사마광은 사건을 논리적으로 접근하여 판단했던 정치가였다.

또 하루는 이런 일도 있었다. 동지간원(同知諫院)이던 소철(蘇轍, 1039~1112)이 제책(制策)에 대해 답한 내용이 매우 절실하고 솔직하였는데, 이를 본 시험관 호숙(胡宿, 995~1067)이 이것을 이유로 소철을 내쫓으려고 했다. 이에 사마광이 나서서 소철은 임금을 아끼고 나라를 걱정하는 마음을 가졌으므로 내쫓아서는 안 된다며 이를 막았다.

사마광은 황제의 후사 문제에도 목숨을 걸고 주장을 펼쳤다. 사실 북송의 제4대 황제인 인종은 처음부터 병약하고 후사도 두지 못했다. 전통 시대에 황제의 후사를 결정하는 문제는 대단히 민감한 문제여서, 설혹 형제간이라도 적극적인 발언을 하지 못하는 경우가 많았다. 자칫 잘못하다간 목숨을 잃을 수도 있었기 때문이다.

그런데 이때 범진(范鎭, 1007~1088)이 인종의 당질인 조서(趙曙)

를 후계자로 세우자고 발의하자, 사마광은 죽음을 무릅쓰고 범진의 주장을 지지했다. 이 사람이 바로 황제가 된 다음에 사마광에게 《자치통감》을 쓰도록 명령한 영종이다. 그 뒤 영종이 자기가 인종의 후사로 결정된 것을 걱정했을 때에도 사마광은 이 결정을 수용하도록 권고했다. 적극적으로 정치적인 활동을 한 것이다.

이렇게 적극적으로 정치 문제에 의견을 개진했던 사마광은 재정 문제에서도 마찬가지로 적극적으로 정치적 의견을 제시했다.

신종은 즉위 초기에 국가 재정이 부족해지자 학사(學士)들을 불러 토론하게 했는데, 이때 사마광과 왕규(王珪, 1019~1085) 그리고 왕안석이 자리를 함께하였다. 먼저 사마광이 말했다. "재난을 구제하는 길은 씀씀이를 줄이는 것입니다. 그러하니 의당 신분이 귀하고 황제와 가까이 있는 사람부터 절약하기 시작해야 합니다. 그래야 그 외의 사람들이 말을 들을 것입니다."

그러자 왕안석이 반대했다. "나라의 쓰일 것이 부족하다고 해도 지금 당장 급하게 절약에 힘쓸 것은 아닙니다. 부족하게 된 이유는 재산 관리를 잘하는 사람이 없기 때문입니다."

사마광은 물러서지 않았다. "재산 관리를 잘한다는 말은 결국 사람들이 곡식을 구별해내는 기구인 키 안에 머리를 처박고 거두어들인다는 말에 지나지 않습니다." 그러자 왕안석도 "그렇지 않습니다. 재산 관리를 잘한다는 말은 부세(賦稅)를 덧붙이지 아니하고도 나라에서 쓸 것을 충족하게 한다는 것입니다."라고 반박했다.

그러나 사마광은 끝까지 주장을 굽히지 않았다. "천하 어디에 그러한 이치가 있습니까? 하늘과 땅에서 생산해낸 재화와 수백 가지 물건들은 백성의 수중에 있지 않으면 관청의 창고에 들어와 있을 것입니다. 그런데 그러한 재산을 다만 관리하여 국가의 재정 문제를 해결한다는 것은 이상한 방법을 만들어서 백성들에게 빼앗는 것입니다. 그러므로 그 해로움은 부세를 더 걷는 것보다 심합니다. 이는 마치 한나라 때 상홍양(桑弘羊, 기원전 152~기원전 80)이 무제를 속였던 말과 같은 말입니다."

상홍양은 한나라 무제 시대에 치속도위(治粟都尉)와 대사농(大司農) 등 재정 관계 관직에 있으면서, 소금과 철의 전매나 평준법(平準法) 시행 같은 물가 조절법으로 조정의 재정 문제를 해결하려고 했던 인물이다. 그러나 이 같은 정책은 후에 유학자들의 반발을 샀다. 전통적으로 중국 왕조에서는 이러한 상업적 방법으로 재정문제를 다루는 것은 잘못된 것이며, 실패한 정책이라고 평가해왔다. 그렇기 때문에 사마광은 왕안석의 방책이 과거에 실패한 상홍양의 것과 같은 것이라고 주장한 것이다.

이러한 기록들을 볼 때 사마광은 정치적인 일에 끊임없이 자신의 의견을 내고, 정책을 결정하는 일에 참여하려고 했던 인물임을 알 수 있다. 그러므로 사마광이 《자치통감》이라는 역사책을 저술했다고 하여 그를 다만 역사가로만 생각할 수 없는 것은 분명하다.

사마광과 왕안석의 악연

그러나 정치 현실은 사마광이 더 이상 뜻을 펼 수 없는 상황이 되어갔다. 치평 4년(1067)에 영종이 죽고 신종이 등극하자, 왕안석은 한림학사가 되었다가 다시 2년 뒤인 신종 희녕 2년(1069)에 참지정사라는 재상 자리에 올라서 실질적인 권력을 장악하지만, 사마광은 권력의 중심에서 멀어져가고 있었다.

이후 왕안석은 제치삼사조례사(制置三司條例司)라는 새로운 기구를 만들어서 재정문제를 해결한다며 개혁을 시작하는데, 이 기구를 통해 이른바 신법을 만들고 각종 경제 조치를 취해나간다. 사마광처럼 점진적 개선을 주장하는 사람은 정책 결정에 참여할 수 있는 길이 아예 막혀버린 것이다.

그러나 신종은 사마광에 대한 신뢰를 버리지 않고 다음 해에 사마광을 크게 채용하려고 하지만, 권력을 장악한 왕안석이 이러한 황제의 의견에 정면으로 반대하고 나섬에 따라 사마광의 출로는 꽉 막히고 만다.

《송사》〈사마광전〉에는 그 상황이 잘 드러나 있다.

> 황제[신종]가 사마광을 서부(西府, 추밀원)에 두려고 하자, 왕안석이 말하였다. "사마광 같은 사람은 다른 의견을 가진 사람입니다. 그런 사람을 중하게 생각하여 지금 높은 자리로 발탁한다면, 이는 이론(異論)을 가진 사람으로 하여금 붉은 깃발을 세우게 하는 것입니다. 사마광이 아침저녁으로 만나서 절차탁마하는 사람은 유반(劉攽, 1022~1088)·유서(劉恕, 1032~1078)·소식·소철 같은 무리들뿐이므로 그의 사람됨을 알 수 있습니다."

여기서 붉은 깃발을 세운다는 말은 사마광이 자기를 지지하는 사람을 모으려고 구호를 내세우고 있다는 말이다. 왕안석은 사마광이 가까이 지내는 사람들의 성향이 좋지 않으므로 그 사람됨도 알 수 있다는 자못 주관적인 편견을 가지고 사마광의 등용을 반대했다.

유반과 유서는 후에 사마광을 도와서 《자치통감》을 편찬한 사람들이다. 특히 유반은 《자치통감》 가운데 전국시대부터 전·후한시대까지를 책임졌다. 그 외에 당나라 시대에서 5대까지를 담당했던 사람은 범조우(范祖禹, 1041~1098)이다. 여기서 이 세 사람에 대해 살펴보자.

유반은 임강(臨江) 신유현(新喩縣), 즉 강서(江西) 지역 사람이다. 그는 왕안석과는 동향 사람이어서 원래 왕안석과 교분이 있었다. 그러나 일찍이 왕안석에게 새로 시행한 신법이 불편하다는 내용의 편지를 보낸 이후로 왕안석과 멀어졌으며 결국 사마광을 도와서 《자치통감》을 편찬했다.

사마광을 도와서 삼국시대부터 수대에 이르는 역사를 정리한 유서도 원래는 강서 사람으로 왕안석과 잘 아는 사이였다. 그래서 왕안석은 유서를 새로운 개혁 기구인 제치삼사조례사에 집어넣으려고 했지만 유서는 돈이나 곡식에 관한 일에는 익숙하지 못하다면서 사양하여 왕안석의 노선을 좇지 않았다.

뿐만 아니라 유서는 이 기회를 이용하여 왕안석에게 "천자께서는 바야흐로 공(公)에게 큰 정치를 해달라고 부탁하였으니, 의당 요 임금이나 순 임금의 도(道)를 회복시키며 밝은 군주를 보필해야 하지 이익을 우선으로 잡는 것은 마땅하지 않습니다."라고 말했다. 유서는 왕안석에게 도덕 정치를 하라고 권고한 것인데, 이는 법치 정책을 지향한 왕안석과 다른 생각을 가졌음을 드러낸 것이다.

유서는 이어 왕안석에게 신법이 여러 사람들의 마음을 합치지 못하고 있으니 다시 옛날 법령을 회복시키라고 권고하더니, 결국에는 왕안석의 면전에서 그의 허물을 들추어냈다. 그러자 왕안석의 낯빛이 쇠처럼 변하였지만, 유서는 조금도 굴복하는 기색이 없었다. 이 일로 유서와 왕안석은 절교하는 상태가 되었다.

이처럼 왕안석이 사마광의 등용을 반대한 이유로 제시한 유반과 유서는 한결같이 왕안석의 노선에 반대했던 인물들이다. 따라서 왕안석이 사마광의 사람됨이 안 되었다고 한 말도 신뢰할 수가 없는 말이다. 왕안석은 도덕적인 문제를 거론하고 있지만, 이를 통해 그와 사마광이 정치적으로 대립하고 있음을 알 수 있다.

범조우 역시 왕안석을 언급하지는 않았지만, 사마광을 도와서 《자치통감》을 편찬하는 작업을 한 사람이다. 《송사》〈범조우전〉을 보면, 범조우는 당시 재상을 지낸 부필(富弼, 1004~1083)을 잘 모셨다고 한다. 평소 근엄하고 의연하게 행동한 부필은 사직하고 낙양에 머무를 때 문을 닫고 다른 사람과 접촉하지 않았다. 그런데 유독 범조우에게만은 특별히 후하게 대해주었다고 한다.

부필은 자신의 병이 위독해지자 범조우를 불러서 비밀스럽게 상소문을 주었다. 그 내용은 대체로 왕안석이 나라를 그르치고 있으며 신법이 해롭다는 것이었는데, 그 말투에 극도의 분노가 담겨 있었다. 부필이 죽자 다른 사람들은 모두 이 내용을 상주할 수 없을 것이라고 생각했지만, 범조우는 이를 황제에게 올렸다. 그만큼 범조우도 굴하지 않는 성품이었다.

왕안석이 사마광의 절친한 지인으로 범조우를 거명하지 않은 것은 아마도 범조우가 부필의 사람이라는 인식 때문이었을 것이다. 어쨌든 이러한 경력으로 볼 때 범조우는 성도(成都) 사람이기는 하지만 왕안석의 신법에 반대했음을 알 수 있다.

그러나 그 후 상황은 역전되어 왕안석은 몰락하고, 사마광은 재상에 오른다. 이 일을 《송사》에서는 이렇게 적고 있다.

> 앞뒤로 매우 공정한 마음으로 왕안석과 여혜경(呂惠卿, 1032~1111)이 만든 신법을 파기하고 조종(祖宗)의 옛날 법제를 시행하였으므로, 사직이 위태롭다가 다시 회복되었고, 사람들의 마음도 흩어졌다가 다시 합쳐지게 되었다.

전통파와 개혁파의 대결

한편 왕안석이 비난한 소철과 소식은 모두 소순(蘇洵, 1009~1066)의 아들로 이 3부자는 당송8대가에 속하는 명문장가들이었다. 이들은 천성적으로 도사(道士)적 기질을 가졌는데, 소식만은 정치에 많은 관심을 보였다. 정치적인 면에서 이들은 어떤 한가지 이론에 기울지 않고 융화를 강조했으므로 전체적으로 모난 사람들은 아니었다. 그렇지만 사마광처럼 순자(荀子)를 존중했으

므로 맹자(孟子)를 존중했던 왕안석과는 그 생각의 방향이 많이
달랐던 것으로 추측할 수 있다.

이 당시 지역별로 나뉜 전통적인 학문 계파를 보면 소씨 집
안은 촉학(蜀學, 촉은 사천성 일대)이었다. 사마광은 삭학(朔學, 삭은
산서성 일대)이라 하여 하북 지역을 중심으로 한 계파였으며, 정
명도(程明道, 1032~1085)·정이천(程伊川, 1033~1107) 형제는 낙파(洛
派), 즉 하남(河南)학파였으므로 정씨 집안과 사마광을 같은 맥
락으로 보기에는 다소 문제가 있다. 그러나 그럼에도 불구하고
왕안석은 이들이 사마광과 절친하다고 본 것이다.

이는 왕안석이 전통적인 학파에 속한 사람이면 그 계파가 어
디든지 간에 사마광과 가까운 사이로 보았던 것이라고 할 수 있
다. 당시 왕안석은 강서(江西)학파라고 불렸는데, 강서학파는 대
체로 양자강 유역의 신흥 경제 지역을 그 중심으로 삼았기 때
문에 황하 유역에 근거한 전통적인 학파들과는 달랐다. 그러므
로 왕안석은 겉으로는 사람됨을 거론했지만 실제로는 전통 보
수 세력에 대한 강한 불만을 갖고 있었고, 전통 보수 세력이라
면 그 사람이 무슨 파에 속하든지 간에 반대했음을 알 수 있다.

왕안석이 반대한 이들 전통 보수 지역의 인물들은 역사학에
깊은 관심을 가진 사람들이었다. 이들은 역사 속에서 현재의 문
제를 풀 수 있는 열쇠를 찾으려고 했다. 《자치통감》을 편찬한
사마광 말고도 소씨 집안의 소철 역시 《고사(古史)》라는 역사책

을 저술하였다. 아마도 전통적인 지역에 사는 사람들은 과거에 인간이 겪은 수많은 경험들을 역사를 통해 충분히 인식하고, 그 때문에 급진적인 개혁이라는 것은 성공할 수 없다는 역사적 귀결을 너무도 잘 알고 있었을 것이다.

사실 역사상 혁명이 어느 정도 성공했는가 하는 문제는 흥미로운 토론 주제이다. 예컨대 1789년에 일어난 프랑스 혁명은 근대사에서 손꼽히는 큰 사건이고 그전 시대와 그 후 시대에 많은 격차가 있을 것으로 생각하지만, 실제로는 혁명 전과 후가 별차이가 없다. 사람살이의 변화는 점진적으로 변하는 것이지 하루아침에 달라질 거라고는 생각하는 역사가는 그다지 많지 않을 것이다.

이러한 측면에서 전통적 뿌리가 약한 신흥 세력인 왕안석이 추진한 급진적 개혁은, 전통 기반을 확고히 하며 과거 역사를 충분히 검토할 수 있었던 사마광의 삭학파와 소씨 집안의 촉학파와 충돌할 수밖에 없었을 것이다.

이렇게 볼 때에 왕안석이 이들을 비난하여 정치에 참여시키지 않으려고 한 것은 당연한 일어었다. 그리하여 신종의 배려에도 불구하고 결국 사마광은 정치 일선에서 물러날 수밖에 없었다. 사마광은 신종 희녕 4년(1072)에 낙양으로 내려가서 《자치통감》을 저술하는 데 온 힘을 기울였다.

그리고 66세 되던 신종 원풍 7년(1084)에 《자치통감》을 완성하고, 다음 해에 철종이 즉위하는 것과 동시에 재상이 되어 왕안석이 시행한 신법을 전부 혁파해버렸다.

이렇게 열렬히 현실 정치에 참여했던 사마광이 《자치통감》을 저술하는 동안 완전히 정치에서 손을 뗄 수 있었을까? 아마도 그럴 수 없었을 것이다. 외부적인 환경 때문에 잠시 접어두었을 뿐, 내성외왕이라는 사대부 본연의 목표를 잊었을 리 없다.

사마광보다 얼마간 앞서 살았던 범중엄(范仲淹, 989~1052)은 사대부의 역할에 대해 이렇게 말했다.

> 사대부란 다른 사람들이 앞으로 닥칠 걱정거리를 인식하지 못하고 있을 때 그들보다 먼저 앞으로 닥칠 일을 걱정해야 하며, 정치가 잘되어서 다른 사람들이 열매를 따서 즐기면 다른 사람들이 다 즐길 때까지 기다렸다가 맨 나중에 그 열매를 즐겨야 한다.

당나라 때까지 사회를 지배했던 귀족이 무너지고, 송나라 때 새로운 지배 계층으로 등장한 사대부. 천하의 모든 일에 대해 스스로 짊어지려고 했던 이들의 책임의식은 범중엄의 이 한마디 말로 표현되었다고 할 수 있다.

이러한 시대를 살았던 사마광이 비록 현실 정치에서 물러나서 역사책을 편찬했다고 해서 완전히 정치를 떠났을 리 없다.

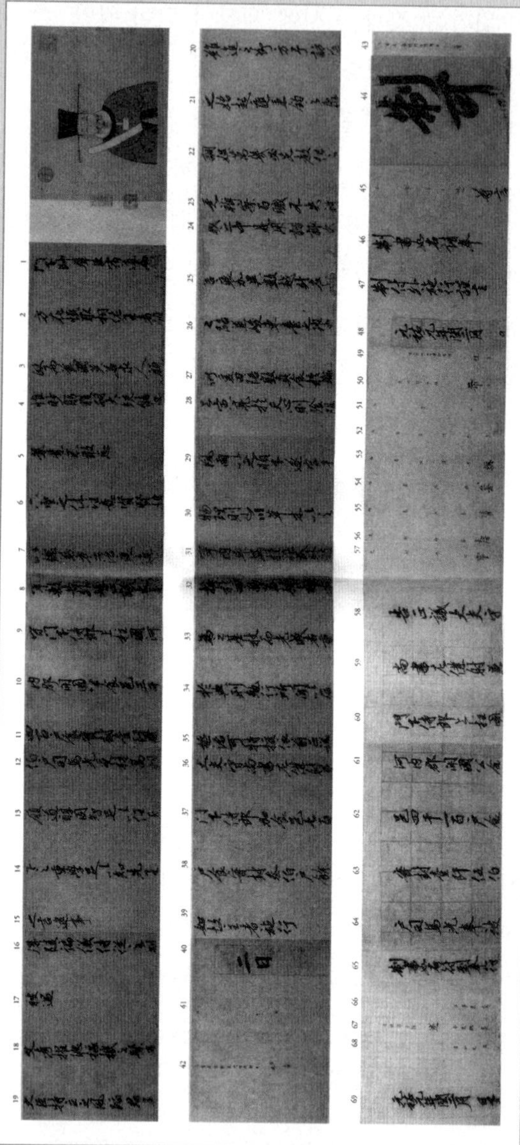

모두 80행으로 되어 있는 사마광 재상임명장인 제서(制書)이다. 신종이 죽고 나서 사마광은 재상에 임명된다. 사마광의 초상화가 붙어 있는데, 이 초상화는 청대에 덧붙여서 표구한 것이다. 이 사마광의 재상임명장은 대만 고궁박물원에 소장되어 있다.

그랬기 때문에 66세의 노구를 이끌고 재상 자리에 올라 신법을 전부 혁파했던 것이다.

이 시대를 살았던 두 거두 왕안석과 사마광을 평가한다면, 두 사람은 모두 정치가였으나 한 사람은 역사를 중시한 보수· 점진적 개선론자였고, 한 사람은 혁명론을 주장한 맹자 철학을 근거로 이상 시대를 구현하려고 한 급진적 개혁가였다. 다만 두 사람의 사상과 행동은 달랐으나, 두 사람 다 자신의 영달을 위해서가 아니라 오직 나라의 장래와 태평성대를 위해 힘썼다는 점에서 같았다고 할 수 있다.

5 북송의 현실과 왕안석의 신법

북송의 재정이 어려워진 원인

왕안석과 사마광이 살았던 시대는 조광윤(趙匡胤, 송 태조, 927~976)
이 북송을 건국한 지 100년쯤 지난 시기이다. 즉 조광윤이 송
왕조를 세운 것은 서기 960년이고, 신종이 즉위하여 왕안석이
등용되고 사마광이 《통지》라는 이름으로 《자치통감》 여덟 권을
신종에게 바친 것은 1067년이다.

이때쯤 북송에서는 많은 문제들이 발생하고 있었다. 그것은
송나라가 출발하면서부터 안고 있었던 문제들이다. 송 태조 조
광윤이 송 왕조를 건국한 때는 당나라가 망한 후 군벌들이 왕
조를 세우는 악순환이 계속되고 있던, 이른바 5대10국의 시대
였다. 당나라를 무너뜨리고 후량(後梁)을 세운 주전충(朱全忠,

852~912)의 왕조는 2대 16년 만에 망하고, 뒤를 이어서 이존욱(李存勖, 885~926)의 후당(後唐)도 4대 14년 만에 그 역사를 마감하였다. 그 뒤를 이은 석경당(石敬瑭, 892~942)의 후진(後晉)도 2대 11년 만에 망하고, 유지원(劉知遠, 895~948)이 뒤를 이어 세운 후한(後漢)도 2대 4년 만에 곽위(郭威, 904~954)의 후주(後周)에게 왕조를 넘겨야 했다. 이것이 다섯 왕조이고, 그 외에도 지방에도 전촉(前蜀)·후촉(後蜀)·오(吳)·남당(南唐)·오월(吳越)·민(閩)·초(楚)·남한(南漢)·형남(荊南)·북한(北漢) 등 열 개의 작은 왕조가 난립했다.

5대 마지막 왕조인 후주의 절도사였던 조광윤은 서기 960년 북방 요나라 정벌을 구실로 군사를 모아 나아갔다가, 진교(陳橋, 하남성 봉구)에서 방향을 돌리어 후주를 무너뜨리고 송 왕조를 건설했다. 이렇듯 당나라 중기인 서기 755년에 안록산이 난을 일으킨 후 200년 간 실제로 정치를 담당한 세력은 무인 절도사였다.

이러한 상황에서 조광윤이 새로운 왕조를 세웠다고 하여 절도사들의 발호가 쉽사리 수그러들리 만무했다. 그래서 무인 절도사 출신인 조광윤은 오히려 문치정책을 써서 무인에 대항하는 세력을 길러나갔다.

당시 조광윤이 펼친 정책의 일단을 보여주는 말이 있다. 바로 병권(兵權)을 술잔에 녹인다는 뜻의 '병권석주배(兵權釋酒盃)'이다. 조광윤은 병권을 가진 중신 석수신 등을 불러 술을 먹이면서 그 권력을 빼앗은 것을 이르는 말이다.

　이러한 정책은 국내 정치를 안정시키고 10국을 통일하는 데 기여했지만, 한편으로는 문제를 불러일으킬 소지를 안고 있었다. 이 틈을 노리고 중국 북방과 서방에 있는 이민족들이 세력을 키워 물산이 풍부한 황하 유역으로 진출하려고 했던 것이다. 동북방 지역에 근거를 둔 거란족은 946년에 정식으로 요나라를 세웠으며, 서북방 지역에서는 1032년 이원호(李元昊, 1003~1048)가 독립을 선언하고 서하(西夏)를 세웠다.

　그런데 송 왕조가 건설되고 20년이 지난 제2대 황제 태종 때 (980) 송나라 군사는 안문관(雁門關, 산서성 훈주시 대현, 만리장성의 중요 지점)에서 거란군에 대패하고, 다시 19년이 지난 999년에 송나라 장수 강보예(康保裔, ?~1000)가 거란군과 싸우다 전사한다. 그리고 5년이 지난 1004년에는 거란군이 기주(冀州, 하북성 형수시) 지역을 압박하자 당시 송나라 진종 황제가 직접 전주(澶州, 산동성 복양시)까지 나아가서 막대한 세폐를 거란에 보내기로 약속하고 화의를 맺는 '전연(澶淵)의 맹(盟)'이라는 굴욕을 겪는다. 그 후 1028년에는 이원호에게 위구르 지역의 감주(甘州, 감숙성 장액시) 지역을 빼앗긴다. 그 후에도 서하는 계속 송 왕조의 서부 지역을 공략한다.

　이러한 상황에서 송 왕조는 군사를 늘리지 않을 수 없었다. 기록에 의하면 송 태조 때에는 병사의 숫자가 37만 8,000명이던 것이 80년쯤 지난 인종 때에는 125만 9,000명에 이르고 있다. 이렇게 군사가 늘어나니 당나라 말기 5대와 같은 군벌의 발호가 재현될 가능성이 높아졌다. 따라서 군사의 숫자를 늘리는 것만큼 그에 못지않게 문관의 숫자도 늘려야 했고, 이로 인해 재정은 점차 악화되어갔다.

《송사》〈식화지〉를 보면 송 왕조 건국 후 30여 년이 지난 태종 지도 연간에 수입이 220만 전(錢) 정도였는데, 이 수입으로 필요한 경비를 다 지출하고도 반 정도 남았다. 그런데 그 후 약 80년이 지난 인종 황우 연간에 이르면 지출을 하고 나면 남는 것이 전혀 없게 되었으며, 다시 20년이 지난 치평 연간에 이르면 수입이 1,570만 전이나 부족한 상태에 이른다. 경제사가인 치엔한성(錢漢昇) 교수의 분석에 따르면, 송 왕조는 건국한 지 120년 정도 지난 철종 원우 연간에 정부 수입만 가지고는 1년에 188만여 전이나 부족한 상황이 되었다고 한다.

역사상 가장 활기가 넘쳤던 시대

이렇게 누적된 재정 문제는 당시 사람들이 해결해야 할 과제가 되었다. 왕안석은 인종 가우 5년(1060)에 삼사탁지판관(三司度支判官)이 되었는데, 삼사는 송 왕조의 재정과 그 운영을 맡았던 기

왕안석(王安石, 1021~1086)
중국 북송(北宋) 때의 문필가이자 정치인으로서 신종에게 등용되어
1069~1076년에 신법(新法)을 통한 개혁 정책을 실시하였다. 왕안석
은 사마광의 최대 라이벌이었다.

관이다. 왕안석은 곧바로 황제에게 '오늘날의 법도가 대부분 선왕의 정치에 부합하지 않기 때문'에 이 같은 문제가 발생했다는 편지를 올렸다. 이는 재정 문제가 발생한 이유로 선왕의 뜻을 생각하지 않고 그 겉모습만 이어받았기 때문이라고 한 것이다.

왕안석은 또한 맹자의 이론을 가지고 보면서 제도를 고치려하지 않는 데 문제가 있다고 주장했다. 그러면서 "선왕의 뜻을 본받는 것이 내가 고치고 바꾸려는 것이니, 세상 사람들의 눈이나 귀를 놀라게 하는 데 이르지는 않을 것"이라고 했다. 여기서 선왕이란 아주 전에 있었던 성인 군주를 일컫는 말이다. 그는 당시 자신이 취한 개혁 조치가 대단히 급진적이라는 비판에 대해 자신의 목표는 "인순고식(因循姑息)한 제도를 고치는 것이고, 이는 선왕의 근본정신에 입각한 개혁이기 때문에 비록 지금 사람들이 놀라고는 있지만 문제될 것이 없다."라고 반박했다.

그러나 사실 송 왕조는 960년에 건국한 후 100년 동안 대외관계 등에서 어려움을 겪었지만 돈으로 문제를 풀어왔고, 경제적인 어려움이 있었다고 하더라도 당시 발달한 농업 기술 덕택에 그리 심각한 정도는 아니었다. 그 결과, 중국 역사상 보기드문 인재들이 이 시기에 다수 등장했다. 이는 이 시기를 전후로 활동한 사람들의 면면을 살펴보아도 바로 알 수 있다.

송 왕조가 건국된 지 꼭 100년이 된 해인 인종 가우 5년(1060)을 기준으로 볼 때, 구법당의 영수로 알려진 사마광은 41세였고, 신법당의 우두머리인 왕안석은 39세였다. 철학 분야에서는 상수학(象數學)으로 역사철학을 확립한 소강절(邵康節, 1011~1077)이 49세였고, 태극도설을 지어서 송대 성리학 가운데 우주론을 설명한 주렴계(周廉溪, 1017~1073)가 43세였다. 그 뒤를 이어 태허론(太虛論)으로 기론(氣論)을 세운 장횡거(張橫渠, 1020~1077)는 40세였으며, 이기론(理氣論)을 정리한 정명도(程明道)·정이천(程伊川) 형제는 각기 29세와 28세였다.

정치 분야에서는 황제를 잘 보필한 명신 한기(韓琦, 1008~1075)가 52세였고, 부필이 56세, 문언박(文彦博, 1006~1097)은 54세였다. 그리고 구양수가 53세, 당송8대가의 한 사람인 증공(曾鞏, 1019~1083)은 41세였고, 소식(蘇軾, 1037~1101)은 23세였으니, 이들은 모두 지금까지도 이름을 날리는 사람들이다.

따라서 왕안석과 사마광이 한참 활동한 때에는 재정 문제를 제외한 모든 분야에서 활기가 넘쳤다고 보아야 할 것이다. 그러므로 나라에 문제가 있다고 적극 주장했던 왕안석도 송 왕조가 건설된 후 100년간 벌어진 일이 모두 잘못이며, 곧 나라가 망할 것이라고 말할 수는 없었다. 그래서 비판의 정도를 보면 "망하지는 않고 명맥만 유지했다."라고 했던 것이다.

왕안석은 송 왕조가 건국 후 100년 동안 명맥을 유지할 수 있었던 이유에 대해 "첫째는 지난 100년간 다행이도 이적(夷狄)들이 극성을 부리지 않았고, 수재나 한재 같은 천재지변이 없었다. 두 번째는 그동안 인사(人事)를 잘했기 때문이라고 말하지만, 실제로는 하늘이 도운 것이다."라고 두 가지로 지적했다. 이 말은 정치는 잘 못했지만 운이 좋아서 송나라가 멸망하지 않았다는 의미이다.

그렇다면 하늘은 왜 송 왕조를 도왔는가? 그것은 훌륭한 군주가 계속 나와서 위로는 하늘을 두려워하고 아래로는 사람들을 두려워했을 뿐만 아니라, 관대하고 어질며 공손하고 검소한 태도와 충성스럽고 정성스러운 태도를 유지했기 때문이라는 것이다. 이러한 왕안석의 시각으로 본다면 송 왕조가 지탱된 이유를 하늘의 도움에 두고 있기 때문에 과거에 큰일이 없었다고 해도 정치를 개혁할 필요성은 계속 남아 있는 것이다.

당시 이 문제에 대해 대만 정치대학의 슝공져(熊公哲) 교수는 두 가지로 요약하여 지적했다. 첫째는 충분한 군사력을 갖추어서 북방의 거란족이 세운 요와 서쪽의 탕구르트족이 세운 서하와의 대결에서 왕조를 지켰던 것이고, 둘째는 이것과 관련하여 식량 문제를 해결하는 것이었다.

사실 왕안석의 평론은 지나친 면이 있다. 그러나 공정하게 본다면 이때 북송 왕조에 국가가 망할 정도로 큰 문제는 없었다고 해도, 재정적으로 어려웠던 것은 사실이다. 당시 이러한 문제를 사마광과 왕안석만 인식했던 것은 아니다. 왕안석과 사마광이 대립한 시기에 재위한 신종도 당연히 알고 있었던 일이다.

왕안석의 해법

신종이 즉위하자마자 얼마 되지 않아서 당시 재상이던 문언박
(文彦博, 1006~1097)과 그 외 여러 사람들에게 말한 내용이 《송사》
에 기록되어 있다.

> 오늘날 이재(理財)에 관한 문제가 가장 급한 일일 것이오. 군
> 사를 양성하고 변방 지역을 방비하기 위해서는 국가의 창고
> 가 충실하게 쌓여 있지 않으면 안 될 것이오. 아! 정치를 하
> 는 데 가장 시급히 해야 할 것으로 이것을 버리고 다른 일은
> 없을 것이오.

이처럼 신종도 경제와 국방 문제를 가장 중요한 과제로 인식하
고 있었다.

신료들 중에서 이 문제를 가장 강력하게 제기한 사람은 물론
왕안석이었다. 왕안석은 그 전에 인종에게도 당시의 현실에 관
해 신랄하게 비판한 바 있다.

> 안을 돌아보니 사직이 걱정스럽고, 밖으로는 이적들에 대한
> 두려움이 있는데, 중국 천하의 재정 능력은 날로 고단하고
> 가난해지고 있으며, 풍속도 날로 쇠퇴하고 있습니다.

그는 이렇게 어렵게 된 이유가 "법도(法度)를 알지 못하기 때문"이라고 주장하고, 이 어려운 문제를 풀어가기 위해서는 "선왕들이 정치를 한 뜻을 본받아서 그에 맞게 고치고 바꾸고 개혁해야 한다."라고 말했다. 당시의 법률과 제도가 겉모습만 옛것을 본받고 있으므로, 그 정신까지도 옛것을 본받아 모든 법률과 제도를 고쳐야 한다는 것이다.

왕안석은 당시 송나라가 안고 있던 문제를 구체적으로 열거했다.

> 농민들은 요역에 시달리고 있지만 구제해주지 못하고, 병사들 속에는 피로하고 늙은 사람이 섞여 있어서 훈련을 시키지도 못하고 있습니다. 또 숙위하는 병사들 속에는 무뢰배들이 있고, 5대시대의 고식적인 습관을 고치지 못하고 있으며, 종실에 속한 사람들은 아무런 교훈을 받을 곳이 없고, 재산을 관리하는 데에도 아무런 법도가 없습니다. 그래서 검소하고 절약하는 태도를 가져도 백성들은 부유해지지 못하고, 나라를 위해 걱정하며 부지런히 일해도 나라는 강해지지 않습니다.

왕안석은 또 중국인들에게 '과거 성인이 만든 여러 법도는 훌륭하기 때문에 고쳐서는 안 된다는 논리가 있는 것'에 대해 이렇게 지적하고 있다. "과거에 성인이 나라를 다스릴 때, 처음에는 아무것도 할 수 없었을 것입니다. 그러다가 갑자기 천하가 잘 다스려지게 된 것은 성인이 법을 잘 만들어놓았기 때문입니다." 이 말은 곧 성인이란 법률과 제도를 잘 만들어놓은 사람을 말하는 것이고, 거꾸로 법률과 제도를 잘 만들어놓았기 때문에 성인이 되었다는 말도 되는 것이다. 이렇게 왕안석은 법률과 제도를 잘 만들어놓으면 저절로 좋은 정치가 행해질 것이라는 생각을 갖고 있었다.

결국 왕안석은 재정 문제를 담당하는 책임자가 된다. 이때 그는 앞에서 말한 것처럼 1만 자나 되는 긴 글을 황제에게 보내어 선왕의 제도라는 겉모습을 보지 말고, 선왕의 뜻을 따라서 법도를 고쳐야한다는 의견을 강력하게 주장하였다.

그리고 그로부터 9년이 지난 신종 희녕 2년(1069)에 왕안석은 참지정사 자리에 오른다. 참지정사란 말 그대로 정치적인 일에 참여하고 관장하고 처리하는, 재상 바로 아래 직책이다. 왕안석은 이어 다음 해에 마침내 재상이 된다.

왕안석은 권력을 잡자, 앞서 말한대로 제치삼사조례사라는 새로운 기구를 설치하여 신법을 추진할 수 있도록 했다. 삼사는 염철(鹽鐵, 소금과 쇠의 전매)과 탁지(度支), 호부(戶部) 등 국가의 재정을 관할하는 세 개의 기구를 통틀어 가리키는 말이다.

이때 신종과 왕안석이 나눈 대화 내용이 《송사》에 실려 있다.

황제가 물었다. "그렇다면 경은 무엇을 먼저 시행할 것이요?" 왕안석이 대답하였다. "풍속을 바꾸고, 법도를 세워야하는 것이 오늘날 급히 해야 할 것입니다."

황상은 그러할 것이라고 하고, 삼사조례사를 설치하고 판지추밀원사(判知樞密院事)인 진승지(陳升之, 1011~1079)로 하여금이 일을 겸직하도록 했다.

그 후 왕안석의 주도 하에 여혜경(呂惠卿), 증포(曾布, 1036~1107)같은 이들이 이 일에 참여하여 신법(新法) 또는 신법(變法)이라고부르는 새로운 법률과 제도를 만들었다. 신법 속에는 균수법(均輸法)·청묘법(靑苗法)·농전수리법(農田水利法)·모역법(免役法)·시역법(市易法)·방전균세법(方田均稅法)·치장법(置將法)·보갑법(保甲法)·보마법(保馬法) 등이 들어 있었다.

왕안석 신법의 내용과 문제점

1. 정부 지출을 줄이는 균수법

조정의 지출이 늘어나자 이를 해결하기 위해 만든 법이다. 재정을 다루는 관리의 권한을 늘리고, 대상인(大商人)들의 이익을 부분적으로 배제하여 점차 납세자들의 가외 경비를 줄이는 내용을 담고 있다.

송 왕조는 본래 거란족의 요, 그리고 서하와 대결하는 구도 아래 출발한 나라이기 때문에 수도를 전방에서 가까운 변경(汴京, 하남성 개봉)에 두었다. 따라서 수도와 전방에 필요한 군수 물자를 남부 지역에서 수송해 와야 했다. 그래서 남부의 강남(江南)·양절(兩浙)·호형(湖荊)·회남(淮南) 등 회하 이남의 여러 지방에 발운사(發運使)라는 관직을 두어 각지에서 올려 보내는 물자의 운반을 감독하도록 했다.

이때 발운사는 규정에 따라 일을 처리했고, 매년 정해진 수량만 올려 보냈다. 설혹 풍년이 들어도 더 올려 보내는 일이 없었고, 흉년이 들었다고 하여 덜 올려 보내는 일도 없었다. 또 수도로 수송해 오는 물건이 너무 많아도 미리 그 양을 조절하는 것이 아니라, 그냥 운반해 와서 반값에 팔아버렸다. 이렇게 되니 수송 경비도 많이 들고, 수송해 온 물건도 제대로 쓰이지 못하는 폐해가 발생했다.

또 각 관청에서는 재부의 현황을 조정에 사실대로 보고하지 않고, 운반에 필요한 비용을 거짓으로 늘리거나 환산 비율을 조정하는 등 여러 가지 편법으로 세금을 배로 걷고, 조정에서도 필요한 물자를 사들이는 데 군색해졌다.

왕안석은 이 문제를 해결하기 위해 희녕 2년(1069)에 회남(淮南)·절(浙)·강(江)·호(湖)·형(荊) 등 여섯 로(路)에 발운사를 두고,

이들이 각기 관속을 거느리며 균수법을 추진 시행하도록 했다. 그리고 우선 조정에서는 창고에 있는 돈 500만 관(貫)과 상공미 (上供米) 300만 석을 꺼내어 필요한 경비로 사용하게 했다. 여기 서 돈의 단위로 사용한 관은 1,000문(文)을 가리킨다.

당시의 전폐(錢幣)는 철이나 구리로 주조하였는데, 원형에 가 운데 네모난 구멍을 뚫어놓은 모양이었다. 원형은 하늘을, 네 모는 땅을 상징하는 것이어서 돈이란 천지간에 통용된다는 의 미를 가지고 있었다. 이 돈 위에는 글[文]을 새겨 넣었고, 운반 할 때에는 전폐의 가운데 있는 구멍에 끈을 넣어서 일정한 액수 인 1,000문씩 묶어서 사용하였다. 이 한 다발이 1관인데, 관이 란 가운데를 관통하여 꿰어 묶었다는 의미에서 유래하였을 것 이다.

발운사는 6로의 재부 현황을 살피고, 6로에서 매년 꼭 공급 해야할 것과 경사에서 필요한 물자의 종류와 수량, 그리고 창 고에 남아있는 양을 파악하는 임무를 맡았다. 그런 다음 '비싼 물건을 싸게 만들고, 가까운 데 있는 것으로 먼 곳에 있는 것을 교역하는 원칙' 아래 편리하게 교역·저축하게 하여 물건을 싸 게 사고, 운반하는 수고와 비용도 절감하도록 했다. 다시 말하 면 상업적인 방법을 동원하여 문제를 해결하려고 한 것이다.

왕안석은 균수법을 통해 물건을 싸거나 비싸게, 또는 거두거 나 푸는 등의 공급과 수요 권한을 조정에서 갖게 하여 조정에서는 풍족하게 쓰고 백성들도 손해를 보지 않는 방식을 시도했다. 그러나 이상대로 실천하기란 쉽지 않았다.

2. 중소 상인에게 자금 빌려주는 시역법

대상인이 시장을 농단하는 것을 제한하고, 조정의 재정 수입을 증가시키기 위해 만든 법이다. 그 주요 내용은 관청에 있는 돈을 밑천으로 하여 시장에서 교역하게 할 수 있다는 것인데, 이 법은 희녕 5년(1072)에 실시했지만 사실 그 전에도 있었다. 이미 지금의 감숙성인 농서(隴西) 지역에 설치된 시역사(市易司)에서 관청 돈을 빌려주어 1년에 1~20만 관의 이익을 얻고 있었다. 그러다가 위계종(魏繼宗)이라는 사람이 수도에 상평시역사(常平市易司)를 두어 물가가 싸면 관청 돈으로 물건을 사들이고, 물건 값이 비싸지면 값을 내려서 내다 파는 방법으로 조정에서 필요한 것을 충족시키자고 제안했다.

이에 따라 조정에서는 수도 개봉에 시역무(市易務)를 설치하고, 내장고(內臟庫) 등에서 187만 관을 밑천으로 하여 상업을 통제하게 했다. 시역무는 시장 상황에 근거하여 가격을 결정하고 유통되지 않는 물건을 구입했다가 시장에서 그 물건이 필요해질 때 되팔았다. 시역무에서 돈을 빌리는 상인은 자신이 경영하는 산업을 저당 잡히거나, 다섯 명이 서로 보증을 서야 했다. 이때 이자는 연 2푼이었고, 시역무에서 도매로 물건을 구매하는 경우도 연 2푼의 이자를 물었다.

뒤에 가서 항주(杭州)·성도(成都)·광주(廣州)·양주(楊州)·윤주(潤州) 등 10여 개 중요 도시에 시역무가 설치되었는데, 이렇게 되자 개봉에 있던 시역무는 도제거시역사(都提擧市易司)로 개편되어 시역무를 총괄하는 기구가 되었다.

이는 국가가 직접 상업을 주관하여 문제를 풀어보고자 한 것이다. 그러나 지금 우리가 아는 것처럼 상업이란 그 나름대로의 신용과 자본주의적 시스템이 작용해야 부작용 없이 추진될 수 있는 것이다. 법률적으로도 상업에 관한 법적 장치가 마련되어 있어야 하고, 이윤추구도 국가권력이 작용하지 않은 상태에서 자본주의 정신에 입각해야 하는 것이다.

당시에 왕안석은 국가가 상업을 운영하면 상업으로 나타나는 이익을 사회적으로 향유할 수 있고, 국가도 이윤을 창출할 수 있을 것이라고 생각했지만, 아직 사회적으로 상업을 본격적으로 실천할 준비가 되어 있지 않았고, 이윤 창출이라는 직접적인 목표 없이 다만 정부 지시에 따라서만 움직이는 관청 관리가 상인의 업무를 대신했으므로 그 효과가 반감하고 부작용이 생기는 것은 당연했다.

3. 농민에게 저리 융자해주는 청묘법

왕안석이 청묘법을 시행한 목적은 묵은 곡식이 떨어지고 새

곡식이 나기 전 어려움을 겪는 농민들에게 2푼이나 3푼 정도의 이자로 돈이나 곡식을 빌려주어 그 어려움을 덜어주자는데 있었다. 이때에 가난한 사람들은 비싼 이자를 주고 돈이나 곡식을 빌려서 푸른 싹, 즉 청묘(靑苗)의 계절인 보릿고개를 넘어야 했는데, 정부에서 빌려주는 2~3푼의 이자는 상당한 저리였다.

청묘법은 고리업자의 활동을 제한하는 한편, 창고에 쌓아둔 돈이나 곡식을 사람들에게 꾸어주어 저리이긴 하지만 이자까지 받아서 조정에도 큰 이익을 줄 수 있는 방안이었다.

이 법을 시행한 시기는 신종 희녕 2년이다. 인종 때 이미 섬서전운사(陝西轉運使) 이참(李參)이 이와 유사한 제도를 시행한 적이 있다. 양식과 돈이 부족한 백성들에게 그들이 그해에 생산할 수 있는 곡식의 양을 미리 산출하게 하여 그것을 근거로 관청에서 돈을 빌려준 것이다. 관청에서 빌린 돈은 곡식을 수확한 뒤에 갚도록 했는데, 이를 청묘전(靑苗錢)이라고 했다. 이렇게 몇 년 지나자 군량은 항상 여유 있는 상태가 되었다. 왕안석과 여혜경은 이러한 경험을 근거로 청묘법을 제정했다.

그 구체적인 내용은 지방 구역의 단위인 각 로에 있는 상평창(常平倉)과 광혜창(廣惠倉)에 쌓아놓은 1,500만 관의 돈이나 곡식을 밑천 삼아 시중의 양곡 값이 오르면 시가보다 싸게 내다팔고, 반대로 싸지면 시가보다 비싸게 구입하는 것이다.

관청에 쌓여 있는 돈은 섬서성에서 시행한 청묘법에 의거하여 매년 두 시기로 나누어 빌려주었다. 즉 농민들은 파종이 필요한 여름과 가을, 그리고 아직 곡식이 여물지 않은 정월과 5월 가운데 원하는 시기를 선택하여 관청에서 돈이나 곡식을 빌릴 수 있었다. 이때 전곡을 빌리는 사람은 다섯 집 또는 열 집을 묶어 한 개의 보(保)를 만들고, 이 가운데 3등 이상 되는 집을 '갑두(甲頭)'로 삼았다. 다른 지방에서 온 객호(客戶)가 돈이나 곡식을 빌리려고 하면 반드시 원래 그곳에 살고 있던 주호(主戶)와 합쳐서 담보하게 했다.

하북로(河北路)에서는 빌려주는 액수에 제한을 두었는데, 객호와 5등호는 매호당 1관 500문을 빌릴 수가 있었고, 4등호는 3관, 3등호는 6관, 2등호는 10관, 1등호는 15관을 빌릴 수 있었다.

청묘법 역시 정부가 직접 은행의 역할을 맡아 문제를 풀어가려고 한 것이다. 돈을 빌려주고 이자를 받는 방법은 근대의 은행이 하는 업무여서 여기에는 많은 규칙과 훈련된 사람이 필요한 법이다. 그러나 이 법 역시 아무런 훈련이나 준비 없이 급속하게 실시하여 여러 가지 부작용이 나타났다.

4. 돈으로 노역을 대신하게 한 모역법

모역법은 원래 돌아가며 노역에 충당되던 농민들을 고향으로 돌려보내어 농사를 짓게 하고, 노역을 면제받은 특권 집안들에게 노역 대신 돈을 내도록 한 것이다. 이를 통해 정부는 수입을 증대시킬 수 있었다. 노역할 사람을 모은다는 의미로 모역법이라고 하지만, 돈을 내고 역을 면제받는다는 의미로 보면 면역법이 된다.

원래 노역은 주나 현에서 각 집안의 등급에 따라 돌아가며 동원하도록 되어 있었다. 이를 희녕 4년(1071)에 주와 현에서 돈을 내어 사람을 고용하고, 대신 그에 필요한 돈은 민호의 등급에 따라 내도록 고친 것이다. 그런데 이때 기존에 노역에 차출되지 않았던 집안 가운데는 구성원이 관리가 된 집안인 관호(官戶), 여자가 가장이 된 여호(女戶), 불교나 도교의 승려인 승도(僧道), 아직 정호(丁戶)를 이루지 못한 집안 등이 있었는데, 이들에게도 정액의 반을 납부하게 하여 부작용이 일어났다.

정부가 상업적인 방식으로 노역을 주관한 모역법은 임금 노역제의 도입과 상관있는 제도였다. 정부는 노역 대상자를 넓혀 재정 강화를 꾀했지만, 이를 제대로 추진할 기술적·조직적 방안이 준비되지 않은 상태였다.

5. 방전균세법과 농전수리법

왕안석이 신법을 내놓을 당시, 북송에서는 관료이자 지주들이 수많은 토지를 겸병하며 농지와 사람 수를 은폐했다. 그리하여 향촌에 있는 중·하 등급 사람들은 토지를 매각할 때 잘못된 숫자로 인해 무거운 세금을 물어야 했다. 이 문제를 해결하기 위해 왕안석은 모든 토지를 관부에 사실대로 등기하도록 하고, 이에 따라서 세금을 징수하게 했다. 따라서 방전균세법은 토지 면적을 조사하는 문제와 세금을 고루 징수하는 문제를 두루 해결하려고 만든 법이다.

이 법에 따르면 관부에서는 매년 9월에 토지를 측량하여 동서남북으로 각기 1,000보(步)씩을 방(方)이라고 하였다. 이렇게 토지를 정확히 측량·등기하고, 그 비옥한 정도에 따라 땅을 5등급으로 나눠 세금을 부과한다. 토지 조사가 끝나면 그 결과를 다음 해 3월에 백성들에게 통고했는데, 관부에서는 원래 정해진 액수의 세금 이상을 걷지 못했다.

그 결과, 원풍 8년(1085)에 이르면 등기된 방전이 전국에서 납세해야할 토지의 반 이상을 차지했다. 이에 따라 정부는 고정된 전부(田賦) 수입을 보장받게 되었다. 그러나 이 법은 대토지 소유자와 관리들의 이익에 반하는 조치였기 때문에 성공을 거두기 어려웠다.

방전균세법과 함께 수리 시설을 확충하여 농업 생산력을 증가시키기 위해 실시한 농전수리법도 신법의 한 가지이다. 수리 시설을 확충하는 경비는 이 수리 시설로 이익을 얻는 사람들이 부담하게 했다. 이 법을 시행한 지 7년쯤 되었을 때 전국적으로 1만 793곳에서 수리 사업이 벌어졌으며, 그 혜택을 입을 수 있는 농지가 36만여 경(頃)이나 되었다. 1경은 100무(畝)를 말하는

데, 고대의 정전법(井田法)에서 100무란 한 가구가 농사지을 수 있는 면적이므로, 36만 여 가구가 농사지을 수 있는 면적이 이 법의 혜택을 입었다는 말이 된다. 그 결과, 척박한 토지는 비옥한 토지로 변했다고, 농업 생산력은 크게 향상되었다.

이상과 현실의 간극

왕안석이 실시한 신법은 여러 개혁적인 제도를 합해 주요한 것만도 열세 가지였다. 나라를 부유하게 만들기 위한 부국책이 여섯 가지, 국방 문제를 해결하기 위한 강병책이 다섯 가지, 그리고 교육이나 과거의 관련한 정책, 이 두 가지다.

　신법은 대체로 이상적인 것이어서 이것이 그대로 실시된다면 획기적인 진전이 가능했을 것이다. 이러한 제도를 따지고 보면 20세기에 들어와서 크게 발전하였다. 만일 이 제도를 시행할 수 있을 만큼의 조직과 훈련된 사람이 있었다면 왕안석의 신법은 대단히 앞서 간 것임에 틀림없다. 그러나 그러한 기반이 없는 상황에서 추진했으니 '이상론'이라고 할 수밖에 없다.

　예컨대 청묘법은 반드시 필요한 사람들에게만 돈을 꾸어줘야 하는데, 하부 관청에서는 중앙정부의 명령을 따르기에만 급급하여 필요 없는 사람들에게까지 돈을 꾸어주거나 빌리지 않은 사람에게서 이자를 받는 등의 문제를 일으켰다. 사실 은행 업무는 철저하게 자본주의적 사고와 제도 아래서만 성공할 수 있는 것인데 이런 것을 이해하기 어려웠던 사회 환경에서는 성공하기 어려운 것이었다.

전체적으로 보면 왕안석의 신법은 문제를 해결하기 위해 여러 제도를 채용했으나, 그것을 추진할 만한 능력 있는 사람들을 길러내지 못했고, 사회적 분위기 역시 이러한 제도를 받아들일 만큼 진전되지 못한 상태에서 강행한 것이었다. 그래서 관리와 민간인 간의 분쟁이 있을 때에 이를 공정하고 효과적으로 판단해줄 재판제도도 없었다. 이렇게 이상과 현실 사이의 괴리가 크면 클수록 신법을 둘러싼 대립은 크게 나타날 수밖에 없었다.

6 이상주의와 현실주의의 대립

선진 지역과 후발 지역

앞에서 본 것처럼 왕안석은 맹자의 사상을 신봉한 이상주의자였다. 비록 그 이상을 실천할 사회적인 여건이 미비하고 이상을 추진할 기술적인 문제가 해결되지 못한 상황이었지만, 개혁 방안만큼은 상당히 훌륭한 것으로 받아들여질 만했다.

이러한 이상론을 주장하는 사람은 대체로 현실적으로 나타나는 문제를 풀어본 경험이 적은 후발 지역에 사는 사람들인 경우가 많다. 나중에 나타난 주자학이 대단히 이상적이면서도 강렬한 종교성을 띤 것도 이 사상을 집대성한 주희가 중국 전체에서 후진 지역인 복건성 사람이었다는 데에도 이유가 있을 것이다. 왕안석은 양자강 유역 출신으로 당시로서는 황하 지역보다 후

발 지역이었다. 비판적으로 말한다면 현실을 알지 못했기 때문에 상상적 이상론만 내놓았다고 할 수도 있다.

반면 사마광은 과거부터 계속 정치를 해온 사람이었기에, 급진적인 개혁은 겉으로는 훌륭해 보여도 이를 실천하기 위해서는 그에 앞서 많은 조건들을 선결해야 함을 알았다. 특히 과거 역사를 볼 때에 성공한 개혁은 점진적인 개선의 집합적 결과였다고 보았다. 그러므로 보수적인 현실주의자라고 분류할 수 있다.

어쨌든 이상주의자 왕안석과 현실주의자 사마광은 대립했고, 이러한 대립 속에서 당시 정치 일선에 있던 사람들은 각자 판단에 따라서 나뉘고 합쳐졌다. 이를 보통은 신법당(新法黨)과 구법당(舊法黨)의 대립이라는 말로 정리하고 있다.

당시 왕안석의 신법에 반대했던 사람들을 살펴보면, 여공저·사마광·구양수·부필·한기 등 모두 조정 원로급이다. 특히 사마광과 소철, 정호 같은 사람들은 과거에 왕안석을 옹호하거나 함께 일한 경력이 있었지만, 왕안석은 권력을 장악한 뒤 이들을 하나씩 쫓아낸 셈이다.

반면 왕안석과 함께한 사람은 진승지·장돈(章惇, 1035~1105)·등관(鄧綰, 1028~1086)·여혜경·증포(曾布, 1036~1107)·한강(韓絳, 1036~1107) 같은 몇몇 인물에 지나지 않았고, 이들은 진정한 개혁가라기보다 이상주의에 편승하여 당장 무엇인가 이루려고 했던 사람들, 즉 급히 업적을 세우려고 한 사람들이었다고 보는 견해도 있다. 사실 이들은 소수였다. 그러나 이들로 이뤄진 신법당과 구법당의 대립은 뜨거웠다.

이상론자의 주장은 대체로 과격하기 마련이고, 이러한 이상론에 편승한 공리주의자들은 무엇인가 빨리 업적을 세우려는 조급함을 갖고 있기 때문에 극단적인 주장으로 현실주의자들을 배척하는 것이 상례이다. 이들은 과격하게 사마광 등을 비판했고, 여기서 신·구법당 간의 논쟁은 시작되었다. 그리고 이러한 현실론자와 이상론자 사이의 뜨거운 논쟁은 신종 희녕 2년(1069)에 시작되어 3년 만인 희녕 5년(1072)에 결판이 났다. 신종 황제가 왕안석의 손을 들어준 것이다.

희녕 2년이면 사마광이 50세, 왕안석이 48세가 된 해이다. 이때 이미 사마광은 3년 전인 영종 치평 3년(1066)에 역대 군신들의 사적을 편찬하라는 황제의 명령을 받은 상태였다. 비록 그 다음 해에 이 명령을 내린 영종이 죽었지만, 사마광은 신종 황제가 즉위한 10월에 《자치통감》의 원래 이름인 《통지》를 제목으로 책 여덟 권을 완성하여 이를 황제에게 바쳤다. 사마광은 정치에서는 판정패한 셈이었지만, 《자치통감》은 또 다른 면에서 신종의 적극적인 지원을 받는 계기가 되었다. 신종이 사마광에게 이 책의 서문을 직접 써서 주며, 이 책이 다 완성되면 이를 본 책에 넣으라고 했던 것은 앞에서 이미 서술한 바와 같다. 그리고 영저(潁邸, 신종이 황제가 되기 전에 머물던 집)에 있던 옛 책 2,402권을 하사하여 《자치통감》의 저술을 격려했다.

그해 9월 왕안석은 한림학사가 되고, 다음 해인 신종 희녕 원년(1068) 4월에 전통적인 절차를 거치지 않고 황제를 만난다. 그리고 그 다음 해 2월에 49세가 된 왕안석은 참지정사라는 재상 바로 아래 자리에 올라, 바로 제치삼사조례사라는 신법 추진 기구를 설치했다. 왕안석은 4월에 천하에 사신을 파견하여 농전(農田)과 수리, 부역 문제를 살피게 하고, 7월에는 균수법을 시행하고, 9월에는 청묘법을 시행했으며, 11월에는 농전과 수리를 관장하는 제거관(提擧官)을 각 지방에 두었다.

"옛 법도를 따르십시오."

그런데 그 다음 해인 신종 희녕 3년(1070)에 신종이 사마광을 크게 등용하려고 하자 앞서 말한 대로 왕안석이 이를 저지했다. 이때 사마광과 왕안석이 재난구제법을 놓고 벌인 논쟁은 앞에서 살펴보았고, 신종이 두 사람의 논쟁을 어떻게 마무리 지었는지 살펴보자.

신종은 이 자리에서 "짐의 뜻은 사마광과 같소."라며 사마광의 의견에 동조한다. 겉으로 보기엔 이 토론에서 사마광이 왕안

석을 이긴 것처럼 보인다. 그러나 이후 신종은 왕안석의 건의를
받아들여 신법은 중단 없이 시행되었다.

하지만 사마광은 쉽게 포기하지 않았다. 그는 신법의 해로움
을 들어 계속 상소문을 올리거나 다른 방법으로 신종을 설득해
나갔다. 한번은 신종이 한나라 때의 역사를 읽다가 궁금한 점을
발견했다. 한나라 때의 명재상인 소하(蕭何)가 죽은 다음에 그
뒤를 이은 조참(曹參)이 소하의 정책을 그대로 이어받았는데, 조
참이 왜 그렇게 옛것을 하나도 고치지 않았는지 궁금했던 것이
다.

> 신종이 사마광에게 물었다. "한 왕조는 항상 소하의 법도를
> 지키기만 했는데 그렇게 아무런 변경을 하지 않아도 좋겠는
> 가?"
>
> 그러자 사마광이 답했다. "어찌 한나라 때뿐이겠습니까?
> 하·은·주 3대에 임금을 하신 분들도 항상 우 임금과 문왕·무
> 왕의 법도를 지켰으며, 그러한 법도는 오늘날까지 남아 있어
> 도 좋은 것입니다. 그런데 한나라 무제는 고제의 약속을 나
> 누고 바꾸어 도적들이 천하를 반쪽이나 나누어버리게 하였
> 고, 마침내 효원제가 효선제의 정치를 고친 뒤 한 왕조가 가
> 진 황제의 대업은 쇠퇴하였습니다. 이러한 사실로 보건대 조
> 종(祖宗)의 법도는 바꿀 수가 없는 것입니다."

사마광은 신종이 궁금하게 여기는 문제를 언급하면서 변화라는 것이 얼마나 위험한 것인지 설명했다. 조참의 사례는 물론이고 고대의 성군들도 옛것을 그대로 물려받았으며, 한나라가 기울게 된 것은 법제를 바꾸면서부터라는 것이다. 이렇게 사마광은 은유적으로 변화와 개혁의 위험성을 말했을 뿐만 아니라, 당시 신법을 시행하고 있던 여혜경의 주장을 직접적으로 반박했다.

청묘법의 시행과 관련하여 《송사》에 실린 사마광과 여혜경의 토론을 보자.

> 사마광이 말하였다. "평민들에게 돈을 쓰고 이자를 내게 하는 것은 오히려 가난한 집 사람들에게 누에가 뽕잎을 먹듯 갉아먹는 일입니다. 하물며 정부가 독촉하며 책임을 지우는 위엄을 가졌으니 (그 결과가) 어떠하겠습니까?" 여혜경이 대답하였다. "청묘법에서는 돈을 꾸기를 원하면 꾸어주고, 원치 않으면 억지로 꾸어주지 않습니다."
>
> 사마광이 말하였다. "어리석은 백성들은 돈을 빌려 쓰는 이로움을 알고 있지만 나중에 이자를 쳐서 갚을 때의 해로움을 알지 못하고 있습니다. 정부에서 강제로 하지 않고, 부자들이 억지로 돈을 꾸어주지 않는다고 해서 해결될 문제가 아닙니다. 예를 들어보겠습니다. 옛날 태종 때에 하동(河東) 지역

을 평정하고 관청에서 곡식을 사들이는 적법(糴法)을 만들었
습니다. 그때 쌀 한 말에 10전이었는데, 백성들은 즐거서 관
청에 쌀을 팔았습니다. 그런데 그 뒤 쌀값이 떨어지자 관청
에서 사들인 쌀을 풀지 않아서 하동 지역에서 대대로 걱정거
리가 되었습니다. 신은 나중에 청묘법도 이와 같이 될까 걱
정입니다."

여혜경이 말하였다. "(청묘법에 따라) 쌀 100만 곡(斛)을 사들인
다면 동부에서 서부 지역으로 곡식을 운반해오는 주운(舟運,
배로 운송함) 비용이 절약되는데, 그만큼의 돈을 수도에 공급
할 수 있습니다."

사마광은 반대하는 말을 했다. "동남부 지역에서 쌀 대신에
돈을 보낸다면 그 지역에서 유통할 돈이 모자라게 될 것이
고, 그러면 쌀값이 떨어져 곡식은 이리저리 흩어져 남아돌
게 될 것입니다. 지금 쌀을 사들이지 않고 돈을 배로 실어 보
낸다면, 그 남는 것은 버리게 될 것이고, 없는 것 속에서 가
져와야 될 것이니 농민이나 상인에게 모두 병폐가 될 것입니
다."

사마광은 이어 황제에게 건의하였다. "폐하께서는 마땅히
어느 편이 옳고 그름을 말씀하셔야 할 것입니다. 지금 조례
사(條例司)에서 하는 일은 다만 왕안석, 한강, 여혜경만이 옳
다고 생각하고 있습니다. 폐하께서는 어찌 이 세 사람과 천

하를 함께 다스리려고 하십니까?" 이 말을 듣고 신종은 사마광을 크게 등용하려고 했다.

1곡은 10말 또는 1석을 말하는 것이다. 지금 이들의 토론을 보면 이대로 실현 가능하다는 이상론과 실현 불가능하다는 현실론의 토론인 것이다.

함수관계 같은 두 사람의 일생

그러나 신종 황제는 왕안석을 만나본 뒤 마음이 바뀌었다. 왕안석은 이렇게 말하였다.

> 사마광이라는 사람은 밖으로는 위에 있는 사람들을 깎아내린다는 명목을 내세우고 있지만, 속으로는 아랫사람들에게 의탁하여 실속을 차리려는 마음을 품고 있습니다. 그가 하는 말은 모두 정치를 해치는 것들이며, 그와 더불어 있는 사람들은 모두 정치를 해롭게 하는 사람들입니다. 그리고 (그는) 사람을 주위에 두어 나라의 여론을 움직이려는 것이니, 이것이 여론을 줄였다 늘렸다 하는 기틀입니다.
> 사마광의 재주로 보아서 어찌 정치를 해치려 한다고 할 수야

있겠습니까? 그러나 그가 높은 직위에 있게 된다면 다른 생각을 가진 이들이 그에 의지하여 중하다고 생각할 것입니다. 이는 마치 옛날에 한신이 조(趙)나라로 쳐들어갔을 때 조나라 군사를 유인하여 밖으로 나오게 하고 소수의 군사를 조나라 성으로 들여보내어 한나라의 붉은 깃발을 꽂게 하여 되돌아온 조나라 군사들이 기개를 빼앗은 일과 같아서, 지금 사마광을 높은 자리에 등용하신다면 이는 이론(異論)을 가진 사람들과 붉은 깃발을 세우는 것입니다.

《자치통감》을 보면 유방의 명을 받은 한신은 적은 수의 오합지졸을 거느리고 멀리 북쪽에 있는 조나라를 치러가는 내용이 나온다. 군사 숫자는 적고 훈련은 안 되어 있는데 먼 길을 가느라고 피곤해 있지만 조나라의 많은 군사는 성을 굳게 쌓고 이들을 기다리고 있었다.

한신은 배수의 진을 치고 조나라 군사들을 성 밖으로 나오도록 유인하는 한편, 2,000명의 군사를 시켜 한나라 깃발을 가지고 텅 빈 조나라의 성으로 들어가서 꽂게 하였다. 조나라 군사는 한신의 군사와 싸움을 벌였으나, 배수의 진을 치고 죽기를 다하여 싸우는 한신의 군사를 이기지 못하고 성으로 돌아갔다. 그러나 성 앞에 이르러 보니 이미 성에 한나라 깃발이 꽂혀 있고, 이에 놀란 조나라 군사들은 급격히 무너졌다.

여기서 왕안석은 사마광을 중용하는 것이란 마치 한신이 깃발만 가지고 조나라 군사를 무너지게 한 것과 같아서 사마광과 그를 추종하는 세력을 키워주는 것이라고 주장한 것이다. 왕안석은 신법 자체의 논리를 가지고 사마광의 임용을 반대한 것이 아니라, 사마광의 논리가 사람에게 공감을 얻어 많은 사람들이 세력을 형성하면 정권이 위험해진다는 논리로 반대했던 것이다.

이 때문에 사마광은 높은 자리에 등용될 수 없었지만, 이어 한기(韓琦, 1008~1075)가 올린 상소문을 보고 감동을 받은 신종은 청묘법을 폐지하려고 했다. 이때 왕안석은 병이 들었다면서 물러가기를 청하였다. 그러자 신종은 도리어 희녕 3년(1070) 12월에 왕안석을 재상에 임명하니 왕안석은 보갑법과 모역법을 추가로 시행했다.

사마광은 중앙 관직에서 파직되어 수도를 떠나서 서경(西京)인 낙양으로 갔다. 그리하여 신종 희녕 5년(1072)부터 낙양에 거주하면서 《자치통감》의 저술에만 몰두했다. 이 와중에 왕안석은 시역법과 보마법, 방전균세법을 시행하였다.

그러다 신종이 죽기 1년 전인 원풍 7년(1084) 12월에 사마광은 《자치통감》 294권과 《자치통감고이(資治通鑑考異)》 30권을 완성하여 황제에게 올렸다. 이해 봄, 병이 든 왕안석은 자기가 사는 곳을 절로 바꾸기를 요청한 상태였다. 그리고 다음 해 3월에 신종이 죽고, 철종이 즉위하여 고후(高后)가 섭정을 하게 되자 왕안석은 사공(司空) 자리로 보내지고, 사마광이 기용되었다.

신법이 모두 혁파되었음은 물론이다. 사마광이 낙양으로 내려간 지 15년 만의 일이었다. 그런데 공교롭게도 다음 해인 철종 원우 원년(1086) 4월에 왕안석은 66세로 죽고, 사마광은 9월에 68세의 나이로 죽었다.

사마광과 왕안석은 북송 중기라는 같은 시대를 살았으나 그 성향은 정반대였다. 한 사람은 현실론을 가지고 점진적 개선을 지향했고, 한 사람은 이상론 아래 정치 개혁을 시도했다. 결과적으로 보면, 소수의 이상론적 개혁 세력과 다수의 현실적 · 점진적 개선론자가 벌인 기구한 함수관계였다.

7 맹자의 왕안석과 공자의 사마광

사마광이 맹자를 비판한 저의

앞에서 살펴본 것처럼 왕안석은 맹자를 존중하며 현실 문제를 해결하려면 법과 제도를 고쳐야 한다고 생각한 사람이고, 사마광은 공자를 존중하며 점진적 개선을 주장한 사람이다. 사실 이들 두 사람의 견해 차이는 이론적으로는 학문적 근거에서 비롯되었다.

왕안석은 인종 가우 5년(1060)에 재정 문제를 취급하는 기관인 삼사의 탁지판관이 되자 인종에게 1만 자나 되는 긴 편지[만언서(萬言書)]를 보내어 당면한 문제에 관한 방책을 제시했다. 여기에서 그는 현재의 법률과 제도가 선왕이 펼친 정치와 맞지 않기 때문에 지금의 문제가 발생했다고 결론지었다. 그리고 맹자

공자(孔子, 기원전 551~기원전 479)
중국 고대의 사상가, 유교의 시조. 최고의 덕을 인이라고 보았다. 인(仁)
에 대한 공자의 가장 대표적인 정의는 '극기복례(克己復禮)' 곧, "자기
자신을 이기고 예에 따르는 삶이 곧 인(仁)"이라는 것이다. 그 수양을
위해 부모와 연장자를 공손하게 모시는 효제(孝悌)의 실천을 가르치고,
이를 인(仁)의 출발점으로 삼았다.

의 이론을 빌면 이를 분명히 알 수 있다고 했다. 현실 문제를 맹자의 이론에 대입하여 풀자는 것이다.

왕안석이 맹자를 존중했음은 왕안석의 일생을 연대별로 기록한 책인 그의 연보(年譜)를 보아도 알 수 있다. 《왕안석연보》에는 "생각해보건대 형공(荊公, 왕안석)은 맹자를 자처하였으며, 모든 일에서 옛사람들을 모방하려고 했다."라는 말이 있다. 형공은 왕안석의 호이다. 왕안석은 실권을 잡았을 때 황제를 모시고 시강(侍講)하거나 시독(侍讀)하는 자리에서 스스로 높은 자리에 앉았다. 이 시간만큼은 자신이 스승이라는 것이다.

이 사실은 여회(呂誨, 1014~1071)가 왕안석을 비판하여 올린 상소문에 기록되어 있다. 이와 비슷한 내용이 사마광이 왕안석을 비판하는 글 속에도 자주 나온다. 사마광은 왕안석을 비판하기 위해 왕안석이 존중하는 맹자의 글을 비판하는 글을 쓴 일도 있다. 그 제목은 맹자의 태도에 의심스러운 데가 있다는 '의맹(疑孟)'이다.

여기서 사마광은 맹자가 공자의 사상을 공부한 사람이면서도 그 태도는 공자와 매우 다르다고 주장했다. 맹자가 스승의 말을 듣지 않았다는 것이다. 그 내용을 살펴보자.

공자는 성인이고, 노나라 정공(定公)과 애공(哀公)은 용렬한 군주라는 사실은 누구나 다 인정하는 바이다. 그러나 이렇게

맹자(孟子, 기원전 327?~기원전 289?)
중국 전국시대의 유교 사상가. 전국시대에 배출된 제자백가(諸子百家)
의 한 사람이다. 공자의 유교사상을 공자의 손자인 자사(子思)의 문하생
에게서 배웠다. 도덕정치인 왕도(王道)를 주장하였으나 이는 현실과 동
떨어진 이상적인 주장이라고 생각되어 제후에게 채택되지 않았다. 그래
서 고향에 은거하여 제자교육에 전념하였다.

훌륭한 공자가, 비록 못났지만 군주 자리에 있는 정공이나 애공이 부르면 군주가 보낸 가마를 기다리지도 않고 달려갔다.

《논어(論語)》에 실려 있는 이 이야기는 공자가 군주의 부름을 받으면 지체 없이 달려가 예의를 지켰다는 내용이다.

반면 《맹자(孟子)》를 보면, 군주인 제 선왕이 불렀을 때 맹자는 선왕의 태도가 마음에 들지 않는다며 아프다는 핑계를 대고 가지 않았다. 그 이유는 선왕이 병을 핑계로 자신을 만나주지 않은 일이 있었기 때문이다. 즉 맹자는 군주에게 앙갚음을 한 것이다.

이처럼 사마광은 군왕을 대하는 공자와 맹자의 태도가 확연히 다르다고 지적하고 있다. 비록 맹자가 공자를 존중했다고 했지만 '맹자의 도(道)'는 '공자의 도'와 달랐고, 따라서 맹자가 공자를 스승으로 생각했다는 말을 의심하지 않을 수 없다는 것이다. 이는 겉보기에는 스승의 도를 따르지 않은 맹자를 비난한 것이지만, 당시의 현실 정치에서는 맹자를 존중한다고 한 왕안석을 비난한 것으로 볼 수 있다.

같은 글에서 사마광은 맹자의 또 다른 문제점을 지적했다. 맹자가 제(齊)나라에 갔을 때에 선왕은 그를 스승으로 삼았다. 스승이란 도(道)와 선(善)으로 사람들을 인도하는 사람이므로,

맹자는 당연히 제 선왕을 도와 선으로 인도해야 할 책임이 있었
다. 그런데 이때 맹자는 아무런 관직도 없는 상태에서 무책임하
게 책임질 수 없는 말을 하였으며, 또한 마음대로 나가고 들어
오며 대우만 받고 책임은 없는 태도를 보였으므로 스승 노릇만
하였지 스승으로서 온당한 태도를 보였다고 볼 수 없다는 것이
다.

　이 말은 맹자가 높은 자리에 있으면서도 책임을 지지 않는
사람이라는 뜻으로, 맹자를 높이는 왕안석을 우회적으로 비난
한 것이다. 사마광은 후세에라도 맹자를 따르는 사람이 맹자의
이러한 태도를 내세우며 자신이 모시는 군주에게 교만하게 행
동하거나, 아무런 일도 하지도 않고 녹봉과 지위를 탐낼까 대단
히 걱정스럽다고 덧붙이기도 했다.

최종 표적은 왕안석

사실 전국시대를 살았던 맹자는 혁명론자로 알려져 있다. 맹자
가 이러한 평가를 받는 데는 다음의 일화가 큰 기여를 했다.

　　한번은 어떤 사람이 맹자에게 이러한 질문을 던졌다. "하(夏)
　　나라의 마지막 임금인 걸(桀)을 내쫓고 은(殷)나라를 세운 탕

(蕩) 임금의 사례를 보면, 원래 탕 임금은 걸이 다스리는 천하에 살았던 걸의 신하였으므로 신하가 군주를 내쫓은 경우라고 볼 수 있소. 또 은나라의 마지막 임금인 주(紂)를 주(周)나라 무왕이 몰아낸 사례도 마찬가지오. 그렇다면 신하로서 임금을 쳐도 된단 말인가?"

이에 대해 맹자가 대답하였다. "임금이 임금답지 않으면 임금이라고 볼 수 없고, 인심을 잃고 따돌림 당한 독부(獨夫)일 뿐이오."

이는 앞의 사례들은 신하가 임금을 친 것이 아니고 독부를 친 것이라는 말이다. 그러나 맹자는 임금이 임금답다는 것이 어떤 것인지 그 기준을 제시하지 않았다. 따라서 아무리 제왕이라도 힘이 없으면 결국 걸·주처럼 내쫓길 수 있다는 힘의 논리를 제시했다는 지적을 면하기 어렵다. 이것은 '임금답지 않은'이라는 조건을 달기는 했지만, 신하로서 임금을 쳐도 된다는 '혁명론'인 셈이다.

이러한 맹자의 혁명론은 후대 군주들에게 좋은 인상을 주지 못했다. 그리하여 명대에 이르러 명 태조 주원장(朱元璋, 1328~1398)은 이러한 맹자의 혁명 논리에 찬성할 수가 없었다.

주원장은 《맹자》는 경서이므로 사대부들에게 읽혀야 하겠지만, 그 안에 있는 혁명 논리는 군주의 입장에서는 부담이 되었

다. 그래서 그는 이러한 혁명 논리를 다 빼고 《맹자》를 재편집
하여 《절편맹자(節編孟子)》라는 책을 내기도 했다. 이러한 맥락에
서 볼 때 사마광은 맹자를 존중한 왕안석의 신법을 맹자의 '혁
명론'처럼 기존 질서를 위협하는 위험한 것으로 보았다고 할 수
있다.

그러나 왕안석을 겨냥한 사마광의 비판은 여기서 멈추지 않
는다. 사마광은 왕안석이 맹자를 모범으로 삼아 그대로 실천하
는 것도 문제지만, 왕안석은 그나마 맹자의 말씀조차 제대로 따
르지 않고 있다고 주장했다.

이러한 내용은 사마광이 왕안석에게 보낸 편지에 실려 있다.

저 사마광은 옛날에 개보(介甫, 왕안석)와 교유하였습니다. 그
때 보니 개보께서는 많은 책 가운데 안 본 것이 없었지만 특
히 맹자와 노자가 말씀한 것을 좋아하시더군요. 그런데 지금
높은 자리에 오르셨으니, 그들이 말한 도(道)를 실행해야겠지
요. 그 가운데 아름다운 것을 먼저 실천하시고, 그들이 한 말
가운데 아름답지 못한 것을 먼저 실천할 필요는 없겠지요.
그런데 맹자는 '인(仁)과 의(義)가 있을 뿐, 왜 이(利)를 말해야
합니까?'라고 하였습니다. 또한 노자도 천하는 '신기한 그릇
[神器]'이라고 했습니다. 그래서 억지로 만들 수 없고, 억지로
만들면 실패하고 억지로 잡으려고 해도 잃는다고 했지요. 또

내가 억지로 무엇을 하지 않아도 백성들은 스스로 잘되며, 내가 고요하게 조용히 있는 것을 좋아하면 백성들은 스스로 올바르게 되며, 내가 간섭하는 일을 하지 않으면 백성들은 스스로 부유해지고, 내가 아무런 욕심을 갖지 않으면 백성들은 스스로 질박해진다고 했지요.

개보는 왕안석의 호이다. 사마광은 《맹자》와 《노자》에 나오는 구절을 인용하여 왕안석의 정치가 맹자나 노자의 생각에 정면으로 배치되고 있다고 한 것이다.

실제로 맹자는 이익이 아니라 인의(仁義)를 우선으로 해야 한다고 양 혜왕에게 말한 일이 있다. 또한 노자는 간섭을 하지 않으면 백성들이 스스로 올바로 되고, 부유하게 되며, 질박해질 수 있다고 했는데, 왕안석은 노자를 좋아한다고 하면서도 시행하려는 정책이 모두 백성을 간섭하고 강제로 고치려는 것이니 이 또한 노자의 사상과 정면으로 배치된다는 것이다.

한마디로 사마광은 왕안석이 자신이 배우고 좋아하는 학문적인 내용을 정치 일선에서 완전히 정반대로 실천하고 있다고 비판하고 있다. 이러한 비판을 통해 사마광은 왕안석의 이중성뿐만 아니라 인격 자체를 불신하고 있음을 암시했다.

인간 본성에 대한 서로 다른 시각

사마광과 왕안석은 기본적인 철학 사상에서도 다른 면모를 보였다. 이들이 주장한 인성론(人性論)을 보자. 왕안석은 맹자와 양자(楊子)에 관해 의견을 밝힌 일이 있다.

> 무릇 사람이 생겨나서는 수오(羞惡)하는 성품을 갖지 않은 사람이 없다. 여기에 어떤 사람이 있다고 치자. 그가 선행(善行)을 닦지 못한 것을 수치스럽게 생각하고, 훌륭하다는 명성을 세우지 못한 것을 싫어하고, 선(善)에 대하여 온 힘을 다해 자신을 수오하려는 성품을 채운다면, 그가 현명한 사람이 되는 것을 누가 막을 것인가? 이것이 성품 가운데 바른 것을 찾는 것이며, 맹자가 말하는 성품인 것이다.
> 또 여기에 어떤 사람이 있다고 치자. 그가 이로운 것을 많이 갖지 못한 것을 수치로 생각하고, 이로움을 많이 갖지 못한 것을 싫어하여 이로운 것에 대하여 온 힘을 다해 자신의 수오하려는 성품을 채운다면 그가 불초한 사람이 되는 것이니 누가 막겠는가? 이것은 성품 가운데 바르지 않은 것을 찾아내 가진 것이니, 양자가 말하는 성품이라는 것이다.

이는 양자의 무선무악론(無善無惡論)을 설명한 대목이다. 사람의 성품 가운데는 수치스러움을 느끼고 싫어하는 것을 느끼는 성품이 있는데, 어떤 사람은 선을 실천하지 못하여 이러한 느낌을 갖고, 어떤 사람은 이익을 얻지 못하여 이러한 느낌을 갖는다는 것이다. 이렇듯 인간 성품은 내재적으로 올바름과 올바르지 않음을 갖고 있다. 그렇다면 사람의 성품 가운데 있는 올바르지 못함을 추구하는 부분을 통제할 수밖에 없는데, 가장 효과적인 통제 수단은 올바른 법률과 제도라는 결론에 도달한다.

왕안석은 사람의 본성과 인정에 대해서도 의견을 밝혔다.

> 사람의 본성이라는 것은 인정(人情)의 근본이고, 인정이라는 것은 본성에 의해 쓰이는 것이다. 그러므로 나는 본성과 인정이란 한가지라고 본다. 그런데 군자는 사람의 본성 가운데 있는 선한 것을 길러주기 때문에 그의 인정도 선하다. 소인은 본성 가운데 있는 악한 것을 기르기 때문에 그의 인정도 악한 것이다. 그러므로 군자가 된 이유는 그의 인정 때문이고, 소인이 된 까닭도 그의 인정 때문이다. 그러므로 본성도 악하게 될 수 있음을 알 수 있다.

여기서도 왕안석은 인간의 본성에는 선이 될 수도 있고, 악이 될 수도 있는 요소가 있다고 인정하고 있다. 이러한 논리에서 본다면 악이 될 수 있는 것을 선하게 만들기 위해서는, 또는 악한 것이 나타나지 않게 하기 위해서는 이를 적극적으로 통제해야 하고, 그 방법은 당연히 훌륭한 선법(善法)을 만드는 것이라는 결론에 도달할 수 있다.

이러한 논리로 왕안석은 훌륭한 정치를 하는 방법을 간단명료하게 정의했다. "대개 군자가 정치를 하는 것을 보면 천하에 선한 법률을 만들면 천하가 잘 다스려지고, 한 나라에 선법을 만들면 한 나라가 잘 다스려지는 것이다. 그런데 만약 법률을 만들 수 없는데도 사람마다 즐겁기를 바란다면 날로 부족하게 될 것이다."

이는 사람의 성품에 존재하는 악을 고치고, 사회에 존재하는 악을 고치기 위해서는 반드시 훌륭한 법률을 받들어야 한다고 한 것이다. 왕안석은 법률을 통한 선에의 도달을 주장한 것이다.

그러나 이에 대해 사마광은 전혀 다른 말을 하고 있다. 그는 《대학》에 나오는 격물치지(格物致知)를 설명하면서, 치지는 격물에 있다고 했다.

사람의 인정이란 선한 것을 좋아하고 악한 것은 미워하지 않는 일이 없다. 그리고 옳은 것을 흠모하고, 잘못된 것을 수치스럽게 생각한다. 그렇지만 실제로는 선하고도 옳은 것은 적고, 악하면서 잘못된 것은 많은데 왜 그렇겠는가? 모두 사람밖에 있는 물질이 인정을 유혹하기 때문이고 그러한 외물(外物)이 사람의 인정을 다그치고 있기 때문이다.

이 말은 사람에게 악하고 잘못된 것이 나타나는 것은 사람의 본성에 악이 있기 때문이 아니라, 사람의 밖에 존재하는 물질이 나쁘게 되도록 유혹하거나 또는 나쁘게 되도록 다그치기 때문이라고 보는 것이다.

그렇기 때문에 《대학》에 나오는 격물도 사마광은 남달리 해석하고 있다. 보통 '격물(格物)'을 해석할 때에는 격(格)이란 규격화하는 것이라고 본다. 그래서 대학의 8덕목(德目)을 해석할 때 우선 외계에 있는 사물을 규격화·분류하는 과정이 격물이고, 이러한 과정을 다 거친 다음 '치지(致知)', 즉 진정한 의미의 지식이 완성된다는 뜻으로 해석한다. 그 다음으로 성의(誠意)·정심(正心)·수신(修身)·제가(齊家)·치국(治國)·평천하(平天下)를 거치는데, 최후의 목표인 평천하란 천하를 고르게 하는 것으로 이것이 이상의 완성인 상태이다.

그런데 사마광은 이를 달리 해석하고 있다.

《대학》에서는 치지는 격물에 있다고 하였는데, 여기에서 격이란 막는다는 뜻의 한(扞)과 같은 뜻이고, 막는다는 뜻의 어(禦)와 같은 말이다. 그러므로 격물은 외계에 있는 사물을 한

어(扞禦)하는 것이고 그런 다음에 지극한 도(道)를 알 수 있다는 말이다.

이 말은 악으로 볼 수 있는 사물은 밖에 있으므로 밖의 사물이 들어오지 못하게 잘 막으면 선하고 옳고 지극한 도가 바로 보존된다는 말이다. 즉, 사마광은 악의 근원인 외계 사물을 막으면 된다는 보수적이고 소극적인 논리를 주장한 것이다. 사마광의 주장은 악이나 잘못이 인간 본성이나 인정 속에 내재한다는 왕안석의 주장과 전혀 다르다. 이런 맥락에서 선한 법제를 세워서 악한 인정[마음]을 고쳐주고, 성품 가운데 있는 올바른 것을 길러주어야 한다는 왕안석의 철학은 개혁론을 뒷받침할 수 있었던 것이다.

대립의 뿌리, 공자와 맹자

사마광은 왕안석이 존중하는 맹자를 공격하는 한편, 맹자의 스승이라고 할 수 있는 공자를 계승해야 한다고 주장했다. 이 같은 사실은 왕안석이 정치를 담당하고 있는 동안 사마광이 낙양에 가서 심혈을 기울여 쓴 《자치통감》에서도 찾아볼 수 있다.

우선 사마광이 《자치통감》을 전국시대의 역사부터 써 내려갔다는 점을 주목해야 한다. 공자는 춘추시대의 역사를 《춘추》라는 책으로 완성하였다. 이 책은 경전으로 존중되는 책이다. 그래서 한대에 《사기》를 쓴 사마천도 공자를 높여서 제후들만 기록하는 〈세가(世家)〉에 제후가 아니었던 공자를 집어넣어 기록했다. 그러나 사마천은 공자가 이미 완성해 놓은 춘추시대까지의 역사를 다시 《사기》에 기록하였다. 그러므로 이것은 겉으로는 공자를 존중한다고 하면서도 속으로는 공자의 《춘추》에 만족하지 못했다는 뜻이다.

그러나 사마광은 공자가 이미 다룬 춘추시대의 역사를 《자치통감》 속에 넣지 않고, 그 뒤를 잇는 전국시대, 즉 주(周) 위열왕

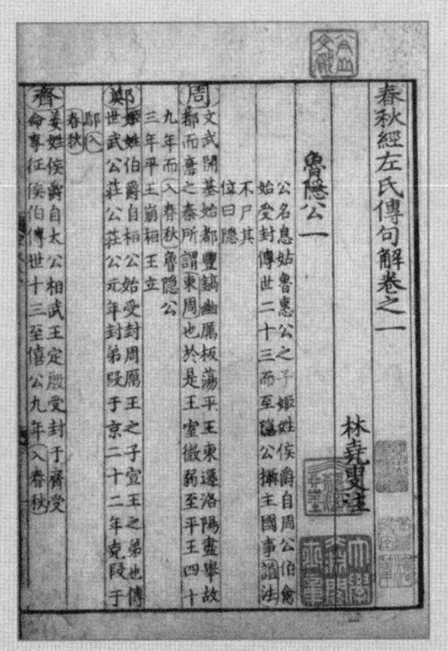

공자의 《춘추》

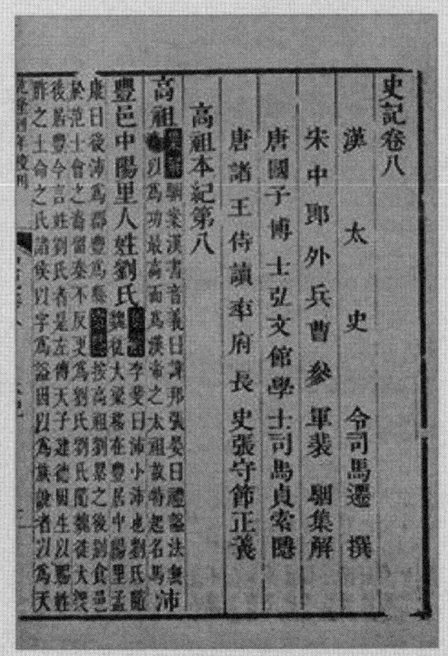

사마천의 《사기》

23년(403)부터 다루었다. 여기에는 공자가 쓴 《춘추》가 다시 손 댈 수 없는 완벽한 책이라는 무언의 주장이 담겨 있는 것이다.

또 사마천은 공자를 존중한다고 하면서도 역사를 기록하는 방법을 바꿔버렸다. 즉 공자가 《춘추》에서 시대 흐름에 따라서 인물과 사건을 기록해나가는 편년체(編年體) 방식을 따랐던 반면, 사마천은 인물 중심으로 역사를 서술하는 기전체(紀傳體)를 창안하여 《사기》를 썼던 것이다. 그 결과 이후 역사를 기록하는 방법은 기전체가 바른 방법으로 알려질 정도가 되어, 역대 정사(正史)라고 하는 역사책은 모두 기전체로 기록되었다. 사마천 이후 근 1,200년 간 공자의 편년체 방식은 명맥을 유지하는 것조차 힘들었다. 그런데 사마광이 편년체 역사 기록 방식을 부활시킨 것이다.

사마광은 현실 정치에서 맹자를 존중하는 왕안석을 압도하는 방법은 맹자의 스승인 공자의 정신을 잇는 것이라고 생각했을 수도 있다. 그렇지 않으면 사마광과 왕안석이 정치적으로 충돌하기 전부터 이미 왕안석은 맹자를 존중했고, 사마광은 공자를 존중하여 각기 사상적으로 다른 뿌리를 갖고 있었던 것인데, 정치적 문제가 벌어지자 각기 그들이 존중하는 성현의 이론을 등에 업고 충돌한 것으로 볼 수도 있다.

하여간 북송 중기에 활약한 두 거두 사마광과 왕안석은 현실 정책에서는 보수와 혁신이라는 견해로 대립했고, 이러한 대립

의 뿌리로 거슬러 올라가보면 선진 시대의 공자와 맹자가 다시
맞서고 있는 셈이다.

8 사마광은 왜 급진적 개혁을 반대했나?

법이 아니라 사람이 문제다!

사마광이 현실의 법과 제도를 고쳐야 한다고 주장하며 신법을 펼친 왕안석과 다른 생각을 갖고 있었다는 사실은 앞에서 누누이 밝혔다. 사마광은 현실에 토대를 두며 조금씩 실정에 맞도록 고치는 것이 옳다고 생각했다. 이러한 두 사람의 견해 차이는 결국 정치 행보에서도 다른 결과를 낳았다. 왕안석이 일선 정치의 중심에서 개혁을 추진한 반면, 사마광은 공식적으로는 정치적인 발언은 하지 않으면서 정치 중심지를 떠나 오직《자치통감》의 저술에만 온 정력을 쏟았다.

이러한 사마광의 태도는 현실 정치에서 도피한 것이라고 볼 수도 있지만, 실은 현실적으로 정치에 참여할 수 있는 길이 없었기 때문에 불가피한 선택이었다. 그러나 사마광이 정치에 대한 관심을 아예 접은 것은 아니었다. 그의 나이 58세가 되던 희녕 10년(1077)에 왕안석의 뒤를 이어 재상이 된 오충(吳充, 1021~1080)에게 편지를 보내어 당시 정치에 관한 자신의 의견을 드러내었다.

> 오늘날 천하를 급한 문제에서 구해내고, 국가의 안정을 보존하려고 하면서, 또한 진실로 청묘법·모역법·시역법을 없애지 않고, 정벌하려는 모의를 잠재우고서 그 효과를 보려고 한다면, 이는 물이 펄펄 끓는 것을 싫어하면서도 계속해서 아궁이에 장작을 집어넣는 것과 같습니다.

아궁이에 장작을 계속 넣으면서 물이 끓지 않기를 바라는 것은 어리석인 일이다. 이처럼 사마광은 《자치통감》 편찬에 주력하면서도 왕안석이 펼쳐둔 신법을 끊임없이 비판했다.

그렇다면 사마광은 급진적인 개혁을 펼쳤으나 그 결과가 좋지 않았던 사례에 대해 깊은 관심을 가졌을 것이고, 《자치통감》 속에도 그 관심이 투영되어 있을 것이다. 더욱이 《자치통감》이 황제의 명령을 받아서 쓰기 시작한, 황제에게 보이기 위한 저술이었다는 점을 고려한다면 사마광이 이 책을 통해 황제에게 급진적인 개혁의 위험성을 경고하려 했다고 해도 크게 이상할 것은 없다. 실제로 《자치통감》에는 왕안석의 신법에 반대하는 논조가 곳곳에 스며 있다.

먼저 덕치(德治)를 강조한 대목이 그러하다. 왕안석은 법제를 완벽하게 만들면 정치는 제대로 될 것이라는 법치(法治)적인 태도를 취했다. 그리하여 좋은 법을 만들기 위해 현재의 법을 고쳐야 한다고 했다.

이에 비해 사마광은 법이 아닌 법을 운영하는 사람에게 문제가 있어서 정치가 잘못된다는 견해를 취했다. 따라서 법을 운영하는 사람, 즉 정치를 담당하는 사람이 덕을 갖추는 것이 더욱 중요하다고 했다. 사마광의 문집인 《사마문정집(司馬文正集)》이나 《자치통감》에 나오는 말들을 짚어보면 그 뜻은 분명해진다.

덕치를 강조한 대목

사마광은 덕을 가진 사람이 정치를 맡으면 좋은 시대를 만들 수 있다고 여겼다. 그 몇가지 예를 살펴보자.

1. 인의의 중요성

이와 같으므로 천하의 일에는 선한 것과 악한 것, 옳은 것과 그른 것이 있는데, 마치 하나 둘을 세는 것처럼 분명하고, 검

은색과 흰색을 구별하는 것처럼 분명하며, 해가 뜨면 비추어지지 않는 곳이 없는 것 같고, 바람이 불면 통하지 않는 곳이 없어 사방으로 뚫리는 것과 같은데, 어찌 알지 못하는 사람이 있겠는가? 그러한 까닭은 사물이란 가릴 수 없기 때문이다. 이에 어짊[仁]을 집으로 삼고 옳음[義]을 길로 삼으며, 진실된 뜻[誠意]을 가지고 실행하면 바른 마음[正心]으로 깃들이며, 자기 몸을 닦는 것[修身]으로 이끌어준다면 천하와 국가가 왜 잘 다스려지지 않겠는가?

– 《사마문정집》 권13

이 말은 정치를 하는 사람이 천하와 국가를 잘 다스리는 길은 유가의 덕목인 인의(仁義)·성의(誠義)·정심(正心)·수신(修身)에 있다고 한 덕치주의적 태도로를 말한 것이고, 이는 법으로 나라를 잘 다스리겠다고 한 왕안석의 논리와 다른 것이다.

2. 덕을 가진 인재의 중요성

한나라 정치가 3대(三代)처럼 잘 다스려지는 정치를 회복하지 못한 것은 인주(人主)가 그렇게 하지 않은 것이지, 선왕들이 만들어놓은 정치하는 도리가 후세에 다시 실행될 수 없어서가 아니다. 무릇 유자(儒者)에는 군자도 있고 소인도 있는데, 저속한 유지들은 진실로 함께 잘 다스려지는 정치를 할 수 없다. 그렇다면 진정한 유자를 찾아내어 등용시킬 수 없는가?
직(稷, 후직)·설(契, 제곡의 아들)·고요(皐陶)·백익(伯益)·이
윤(伊尹)·주공(周公)·공자(孔子) 같은 분들은 모두 유가의
큰 인물인데, 한나라에서 이 같은 분들을 찾아내어 등용했다
면 그 공로가 어찌 그와 같은 데서 그치고 말 것인가?

– 《자치통감》 권27

세상을 잘 다스리는 데 가장 중요한 요건은 정치를 담당한
인물이 유가적으로 큰 인물이어야 한다는 뜻이다. 잘 다스려진
시대라고 볼 수 있는 과거 시대에 살았던 후직과 설 같은 성인
이나 현인이 없으면 좋은 법이 있어도 무용지물이 된다는 주장
이다.

3. 제도가 좋아도 실행하는 사람이 문제

왕안석이 제치삼사조례사를 두어 이를 실천에 옮기자, 사마
광이 다음과 같이 말했다.

제거상평창(提擧常平倉)과 광혜창(廣惠倉)의 사자(使者) 40여 명
을 두고 그들로 하여금 사방으로 나아가서 신법을 시행하게
했는데, 먼저 청묘전을 나누어주고 그들에게 호별로 조역전
(助役錢)을 내게 하려고 했으며, 여기에 다시금 농전수리법을

시행하려고 하였다. 그런데 비록 재주 있고 유능한 사람을
가려 뽑았다고 하지만 그 가운데는 경망스럽고 미친 듯 조급
한 사람이 끼여 있어서 지방 주현(州縣)을 못살게 굴고, 백성
을 시끄럽게 하는 자가 있다. 이에 사대부들이 복종하지 않
고 농민과 상인들은 그 직업을 잃었으며, 비방이 물 끓는 듯
하고 원망하는 소리가 거리에 가득 찼다. 그 근본 원인을 찾
아보면 모두가 이러한 제도에서 나온 것이다.

- 《사마문정집》 권10

사마광은 이처럼 백 보를 양보하여 신법의 내용이 좋다고 하
더라도 그것을 시행하는 사람이 적당한 사람이 아니라면 도리
어 역효과가 나온다고 주장했다.

4. 덕 없는 사람 때문에 혼란에 빠진 시대

한나라 원제 때 정국이 큰 혼란을 겪는다. 이때 석현(石顯)을
중서령으로 등용했는데, 그가 전권을 쥐고 일을 처리했다. 이
문제를 놓고, 원제와 경방(京房, 기원전 77~기원전 37)이 대화한 내용
도 있다.

경방이 원제에게 물었다. "주나라 시대의 유왕(幽王)과 여왕
(厲王) 같은 군주는 왜 위태롭게 되었습니까?"

원제가 대답하였다. "군주는 사리에 밝지 못한 사람이어서 그가 일을 맡긴 사람은 재주를 피우거나 간사한 사람이었기 때문이오."

경방이 다시 물었다. "그러한 사람이 재주를 피우고 간사한 사람임을 알고 채용했겠습니까? 현명하다고 생각했겠습니까?"

"현명하다고 생각했겠지."

"그런데 오늘날 어떻게 그들이 현명하지 못했다는 것을 압니까?"

"그 시대는 혼란했고, 군주도 위태롭게 되었으므로 아는 것이오."

"만약 그렇다면 현명한 사람을 임용하면 반드시 잘 다스려지고, 불초한 사람을 임용하면 반드시 혼란이 일어난다는 것은 필연적으로 일어나는 도리일 것입니다. 그런데 유왕과 여왕은 어찌하여 이 뜻을 깨달아서 현명한 사람을 구하지 아니하였으며, 어찌하여 끝내는 불초한 사람에게 일을 맡기어 이러한 지경에 이르렀을까요?"

"어지러운 시대를 만난 군주가 각기 그 신하를 현명한 사람으로 임용하여 모든 사람들로 하여금 깨닫게 하였다면 천하에 어찌 위태하고 멸망되는 군주가 있으리오!"

경방이 마지막으로 원제에게 물었다. "나라를 강하게 만든 제나라 환공(桓公)이나 나라를 멸망시킨 진나라 2세 황제도 일찍이 유왕이나 여왕 같은 군주들의 이야기를 듣고 비웃지 않았겠습니까? 그러나 수조(豎刁)와 조고(趙高) 같은 사람을 임용하여 정치는 날로 어지러워지고, 도적들은 산에 가득하게 되었지요. 그러면 어찌하여 유왕이나 여왕의 예를 가지고 이를 미리 점쳐보아 깨닫지 못했을까요?"

원제가 대답하였다. "오직 도(道)를 가진 사람만이 과거를 거울삼아 미래를 알 수 있을 것이오."

– 《자치통감》 권29

원제와 경방은 당시의 혼란한 정치 현상을 보며, 과거 주나라 때의 실패한 군주로 꼽히는 유왕과 여왕의 사적을 살펴보았다. 이러한 실패한 역사가 후세에 충분히 거울이 될 수 있음에도 불구하고 똑같은 실수를 저질러 나라를 망친 사례를 점검한 것이다. 진나라 2세 황제인 호해는 그 이전에 있었던 주나라 때 유왕과 여왕이 실패한 사실을 알고도 똑같은 전철을 밟았다.

결국 아무리 과거 사실을 놓고 앞날이 잘될지 못될지 미리 예견할 수 있다고 하더라도, 현실 속에서 문제를 제대로 짚을 수 있는 도(道)를 가진 사람이 없다면 실패의 전철을 밟게 된다는 것이다. 사마광은 이러한 긴 대화를 《자치통감》에 기록한 뒤 여기에 자기의 의견을 덧붙였다.

인군(人君)의 덕이 밝지 못하면 비록 신하가 충성을 다 바치려고 해도 어디에서 (임금의 마음속으로) 들어갈 수 있겠는가? 경방이 원제를 깨닫게 하려고 한 것은 분명하고 절실하였으나, 끝내는 깨닫게 할 수 없었으니 슬픈 일이다.

경방이 원제에게 올바른 정치 방법을 제시했으나, 원제가 이를 수용할 수 있는 자질을 갖지 못했기 때문에 아무 소용이 없었다는 것이다. 따라서 여기서도 정치에서 가장 중요한 요소는 정치를 담당한 사람이라는 주장을 드러낸 것이라 할 수 있다.

5. 멸망의 원인도 덕 없는 사람 때문이다

또 《자치통감》 첫머리에는 춘추시대에 패권을 장악했던 진(晉)나라가 대부 집안인 한씨(韓氏)·위씨(魏氏)·조씨(趙氏)에 의해 한·위·조, 세 나라로 나누어지는 과정이 기록되어 있다. 사실 진나라의 대부 가운데 가장 강한 세력을 가진 이는 지씨(智氏) 집안이었고, 지씨 집안의 지양자는 재주가 많아서 백작(伯爵) 작위를 받아서 지백(智伯)이라 불린 사람이다. 그런데 결국 실패하여 지백의 해골은 옻칠을 한 물바가지가 되고 말았다.

이 사건을 기록한 다음에 사마광은 이렇게 평가했다.

지백이 멸망한 것은 그가 가진 재주가 그가 가진 덕보다 많

았기 때문이다. 무릇 재주와 덕이라는 것은 다른데, 세상에
서는 이를 구별하지 못하고 두 가지를 통틀어 똑똑하다고 하
기 때문에 사람을 잃고 마는 것이다. 무릇 눈이 밝고 귀가 밝
으며 뜻이 굳은 것을 재주라고 한다면, 올바르고 곧고 중용
을 취하고 화합하는 것을 덕이라고 한다. 재주라는 것은 덕
을 쌓을 수 있는 자료이지만 덕은 재주를 부리는 것이다.
그러므로 재주와 덕을 다 함께 온전히 갖춘 사람을 성인이라
고 하고 재주와 덕이 다 없는 사람을 어리석은 사람이라고
한다. 가지고 있는 덕이 가지고 있는 재주보다 많다면 군자
라 하고, 반대로 가지고 있는 재주가 가지고 있는 덕보다 많
은 사람을 소인이라고 한다.

- 《자치통감》 권1

인치를 강조한 대목

사마광은 《자치통감》에서 정치를 잘하는 데 가장 중요한 요소
는 정치를 담당한 사람의 능력이라는 점을 강조하였다. 이는 법
만 제대로 만들어 놓으면 정치는 제대로 될 것이라는 왕안석의
주장을 반격하는 성격을 갖고 있다.

다음은 사마광이 법보다 그것을 다루는 사람의 중요성을 적

접적으로 논증하기 위해 든 몇 개의 사례들이다.

　1. 사마광은 《자치통감》에 신릉군(信陵君) 위무기(魏無忌)에 관한 이야기를 썼는데, 그 내용은 이러하다.

> 위나라 안이왕(安釐王)은 그의 동생인 무기를 신릉군에 책봉하였다. 후에 신릉군의 매부인 조나라 평원군(平原君)이 진(秦)나라에 포위되어 나라가 위태롭게 되자 신릉군은 자기가 소속한 위나라의 법을 어기고 조나라를 도와주었다. 그리하여 위나라에 죄를 지게 된 신릉군은 위나라로 돌아가지 못하고 조나라에 머물러 있었다. 그런데 이번에는 위나라가 진나라의 침략을 받아서 위급하게 되자 위나라에서는 신릉군을 초청하였고, 신릉군은 위나라로 돌아가서 진나라를 물리쳤다.
>
> — 《자치통감》 권4

　《자치통감》에는 신릉군 위무기의 이야기가 가감 없이 기록되어 있지만, 사마광은 다른 저서인 《계고록(稽古錄)》에서 다음과 같은 평가를 내렸다.

> 위무기가 위나라를 떠나니 다른 나라에서 위나라를 가볍게

취급했고, 그가 다시 돌아오니 중후하게 취급하였다. 안이왕은 이 사실을 모르고 도리어 그를 의심했는데, 위무기가 죽자 위나라는 결국 망하고 말았다. 현명한 사람이 나라에서 수행하는 역할은 어떤 것인가?

사마광은 국가에서 현명한 사람의 역할이 얼마나 중요한 것인지 설명하고 있다. 이는 분명히 왕안석의 법치주의에 대한 반론이다.

2. 사마광은 《자치통감》에 전국시대 연(燕)나라 소왕(昭王)이 현명한 사람을 초청하여 나라를 부강하게 한 사실을 기록했다.

주나라 난왕 3년(기원전 312)에 연나라는 제나라의 공격을 받아서 왕이 잡히어 죽은 다음에 젓갈로 담가지는 수모를 당하였다. 이러한 혼란 속에서 태자인 평(平)이 즉위하여 소왕이 되었다. 그는 연나라가 국토도 작고 힘도 약하여 당장은 보복할 수 없음을 알고, 나라를 부유하고 강하게 하기 위해 현명한 사람을 불러들여야 한다고 생각하였다.

이에 곽외가 죽은 천리마를 500금(金)이라는 비싼 값에 사들였더니 살아 있는 천리마를 세 필이나 구할 수 있었다는 일화를 들어 현자를 우대할 것을 건의했다. 소왕은 이 말을 좇았다. 그 결과 뛰어난 인재인 낙의(樂毅)가 위나라에서 왔고, 극신(劇辛)은 조나라에서 와서 연나라는 점차 강국이 되었다.

– 《자치통감》 권3

이러한 사실을 서술한 사마광은 본심 역시 《계고록》에 쓰고 있다.

소왕이 자기 뜻을 날카롭게 세우고, 몸을 부지런히 움직여 똑똑한 선비들을 초청하여 끝내는 약한 연나라 군사로 강한 제나라에 보복을 하였으니, 뜻을 가진 사람이 공로를 세우려 고 한다면 성공 못할 것이 없을 것이다.

또 사마광은 삼국시대 위나라 명제(明帝) 때에 한대 경방 등의 이야기를 소개한 뒤, '신 사마광이 말씀드리겠습니다.'라는 평 론 부분에서 직접적으로 인치(人治)의 중요성과 현명한 사람을 구하는 일의 어려움을 언급했다.

정치를 하는 데 중요한 것 가운데 사람을 등용하는 것보다 먼저 해야 할 것은 없습니다. 그러나 사람을 알아보는 것은 성현이라도 어렵습니다. 그러므로 그 사람이 칭찬을 받고 있 는지 비난을 받고 있는지를 보고서 인재를 채용한다면, 그

사람을 아끼는 사람의 말과 미워하는 사람의 말이 다투듯 나
타나서 훌륭한 것과 나쁜 것이 섞이게 됩니다. 또 그 사람이
세운 공로와 업적을 가지고 사람을 평가하면 교묘하게 속이
는 일이 생겨서 진실한 사람과 거짓된 사람이 서로 뒤바뀌게
됩니다. 요컨대 인재를 등용하는 근본은 지극히 공정하고 지
극히 분명하게 하는 것뿐입니다.

– 《자치통감》 권73

신법을 직접 비판한 대목

사마광은 역사적 사실에 비춰볼 때 왕안석의 신법은 나라를 망
치는 지름길이라고 굳게 믿고 있었다. 이것을 《자치통감》에서
직접 기술한 부분도 있다.

1. 진 시황제와 한 무제를 비교한 대목이 《자치통감》 권22에
나온다. 한나라 무제가 49년간의 통치를 마감한 순간을 기록하
고 이에 대한 평가를 써놓았다.

한나라 효무제는 대단히 사치스러웠고, 욕심이 컸으며, 번거
로울 정도로 형벌을 내렸고, 무거운 세금을 걷어 들였다. 안

으로는 궁실을 사치하게 꾸몄고, 밖으로는 네 오랑캐들이 섬겼으며, 귀신을 믿고 현혹되어 천하를 순수(巡狩)하며 돌아다닌 것에도 절도가 없었다. 그리하여 백성들을 피곤하게 하고 피폐시켜서 도적이 일어나게 하였다. 그 상황을 보면 진나라 시황제와 다른 것이 별로 없었다.

한 무제를 진 시황제와 비교할 때 조금도 다르지 않다는 것이다. 그런데 진나라는 바로 망한 반면에 한나라는 오래 지속되었다. 사마광은 그 원인이 무엇인지 설명했다.

그러나 진나라는 이러한 일을 하였기 때문에 망하였고, 한나라는 이러한 일로 인하여 일어났다. 그것은 효무제가 선왕이 남긴 길을 존중했기에 국가를 통일하고 지키는 방법을 알았다. 충성스럽고 곧은 신하들의 간언을 받아들였으며, 다른 사람이 속이고 가리는 것을 싫어하였고, 부지런하고 똑똑한 사람을 좋아했기 때문이다. 또 (효무제는) 목을 베는 일과 상을 주는 일을 엄격하고 분명히 하였으며, 늦게라도 잘못을 고쳤고, 돌아보고 부탁하며 사람을 얻었다. 이것이 (한나라가) 진나라와 똑같은 실수를 저질렀지만 진나라와 같은 화를 면한 이유이다.

- 《자치통감》 권22

진나라에서는 기존의 것을 바꾸는 정책을 채용하여 전통적인 법률과 제도를 다 뜯어고쳤다. 십오제(什五制)와 연좌제를 만들어서 주민들이 서로 감시하게 하여 전통적인 상부상조의 향촌 공동체적 질서 의식을 파괴했고, 군대에 나아가서 공로를 세우면 작위를 주는 제도를 만들었다. 또한 봉건제를 없애고 군현제를 도입하고, 황제제도를 도입했다.

이렇게 진나라는 법과 제도를 바꾸는 정책을 시행하여 일시적으로 성공하는 것 같았으나 결국 멸망하였다. 사마광은 진나라는 법제를 바꾸어서 망했고, 무제는 법제를 바꾸지 않아서 망하지 않았다고 주장한 것이다.

2. 사마광은 후한 영제 희평 4년(175)에 혼인 관계에 있는 집안사람들은 유주와 기주에서 삼호법(三互法, 아는 사람끼리 서로 바꾸어 관리가 되지 못하게 한 제도)에 관해 논의한 사실을 기록하고는 이에 대해 평가했다.

《춘추좌전》에는 숙향(叔向)이 자산(子産)에게 편지를 보내어 나라가 장차 망하려면 반드시 많은 제도가 만들어진다고 하였다. 밝은 임금의 정치란 삼가 충성스럽고 똑똑한 사람을 뽑아서 일을 맡기는 것이며, 무릇 안팎에 있는 신하들에게 공로가 있으면 상을 주고, 죄가 있으면 목을 베는 것이지 아부하거나 사사로이 할 것이 없는 것이다. 법률과 제도가 번잡하지 않으면 천하는 크게 잘 다스려진다. 그 이유는 그 근본을 장악하고 있기 때문이다.

그 나라가 쇠퇴할 때에는 수많은 관리를 임용하지만 사람을 가려 뽑지 못하고, 금지하는 법령은 더욱 많아지고, 방지하려는 조치는 더욱 조밀해져서 공로를 세운 사람이라고 하여도 글을 잘 쓰지 못하면 상을 받지 못하고, 간사한 사람이라도 법을 교묘하게 다루어서 목 베임을 면하게 된다. 위아래 사람들이 수고하고 시끄러워져서 천하에 큰 혼란이 온다. 그렇게 되는 까닭은 무엇인가? 그 지엽적인 부분만을 좇기 때문이다.

후한 효령제(孝靈帝) 시대에 자사(刺史)와 이천석의 녹질을 받는 관리는 마치 호랑이나 살쾡이 같아서 백성들에게 포학하게 대하고 못살게 굴었는데, 조정에서는 겨우 삼호(三互)를 금지하는 정책이나 지키려고 하였다. 오늘날의 관점에서 본다면 충분히 웃을 만한 일이지만, 또한 깊이 경계로 삼아야 하지 않겠는가?

- 《자치통감》 권49

이 내용은 쓸데없이 많은 제도와 규칙을 만들어내는 것이 정치에는 아무런 도움이 되지 않음을 강조한 것이다. 여기에 많은 규칙을 만들고 법을 변경한 왕안석에 대한 부정적인 시각이 담겨 있음은 물론이다.

사마광은 왕안석에게 자신의 직접 뜻을 전하기도 했다. 사마광의 《사마문정집》에는 왕안석에게 보낸 편지가 들어있다.

> (공은) 큰 나라를 통치하면서 마치 작은 물고기를 다루듯 하십니다. 지금 개보[왕안석]께서 정치를 담당하고 계신데, 조상 대대로 내려오던 법을 모두 고치시어 앞에 두었던 것을 뒤로 물리고, 위에 있던 것을 아래로 내리시며, 오른쪽에 있던 것을 왼쪽으로 바꾸시고, 이룩된 것을 허무시면서 부지런을 떨고 계십니다. (중략) 지금 개보께서는 홀로 몇 사람의 말만 듣고 선왕이 정치하셨던 길을 버리고, 또 천하 사람들의 마음을 어기고 계시니 장차 잘 다스려지게 되기가 어렵지 않겠습니까?
>
> — 《사마문정집》 권10

사마광은 자신의 주장을 뒷받침하기 위해 과거에 제후처럼 높은 지위에 있는 사람이라도 조종(祖宗)의 예악(禮樂)을 변경시키지는 못했다는 점을 들었다.

> 제후 가운데 예악을 고치거나 바꾼 사람은 왕이 순수(巡狩)할

때에 목이 베이었으므로 스스로 바꾸지 아니하였다. 천하를 다스린다는 것은 마치 집에 사는 것과 같으니, 집이 낡았다면 이를 수리하거나 크게 파괴하지 않고, 또 바꾸어 짓지도 않는다. 그렇기 때문에 먼저 돌아가신 황제들의 법도 가운데 훌륭한 것은 비록 100세대를 지나도 변경시킬 수 없는 것이다.

-《송사》권336, 〈사마광전〉

이처럼 사마광은 《자치통감》을 비롯한 그의 글에서 계속적으로 법제를 변경시키는 것의 위험성을 강조했다. 그리고 황제로 하여금 급진적 개혁을 하지 말라고 누누히 권고한 것이다.

철학의 왕안석과 역사학의 사마광을 보면서 최근세의 철학 가운데 양명학에 심취한 장제스(蔣介石, 1887~1975)와 역사학 가운데 《자치통감》을 좋아한 마오쩌둥(毛澤東, 1893~1976)의 부침(浮沈)을 떠올리게 된다.

9 남·북으로 갈린 사람들

왕안석과 동남 사람들

사마광과 왕안석은 현실 정치에서뿐 아니라 철학 사상에서도 차이를 보였는데, 이는 북송시대에 일어난 당쟁과도 연결되었다. 사마광과 그를 지지하는 무리를 구법당, 왕안석과 그를 지지하는 사람들을 신법당이라고 했던 것이다. 여기서 왕안석의 등장과 신법의 시행 과정을 살펴보자.

신법 시행을 알리는 첫 신호탄은 희녕 2년(1069) 2월에 제치삼사조례사라는 신법 총괄 기구를 신종이 설치한 것이었다. 신종 황제는 당시 재상이던 진승지로 하여금 왕안석과 함께 새로운 이 기구의 일을 관장하게 했다. 이때 왕안석은 여혜경과 장돈 그리고 증포를 특별히 주천하여 조례사의 사무를 주관하게 했다. 왕안석은 전에 있던 어떠한 유자(儒者)라도 자신이 추천한 이들을 따라오지 못할 것이라며 여혜경 등을 칭찬했다.

왕안석은 양자강 하류의 파양호(鄱陽湖) 아래에 있는 임천(臨川, 강서성 임천현) 지역 출신이었다. 왕안석의 추천을 받은 여혜경은 왕안석보다 열한 살이 적었는데, 진강(晉江, 복건성 진강현) 사람이었다. 진강은 강서성 동남 지역으로 대만과 마주해 있다. 왕안석보다 열네 살 아래인 장돈은 포성(浦城, 복건성 포성현) 출신이었는데 나중에 소주(蘇州)로 이사하여 살았다. 소주는 복건성에서 절강성을 지나 북쪽에 위치한 강소성(江蘇省)에 있는데, 역시 양자강 하류인 태호(太湖)에 접해 있는 지역이다. 증포는 왕안석보다 열다섯 살이 적었고, 남풍(南豊, 강서성 남풍현) 사람이었다. 남풍은 왕안석과 동향 사람으로 왕안석이 남쪽에서 흘러서 파양호로 들어가는 무하(撫河) 중류 지역 출신인데 비해 증포는 그 상류 지역이라는 것만 달랐다.

왕안석이 추천하여 함께 신법을 추진한 이들이 모두 양자강 근처 또는 그 남쪽 사람으로, 중국 전체를 놓고 볼 때 동남 지역에 해당한다는 사실이 과연 우연의 일치일까?

실제로 왕안석의 신법에 반대한 사마광은 산서성(山西省) 하현(夏縣) 사람으로 중국의 서북 지역 출신이다. 그렇다면 왕안석은 동남 지역 사람들만 추천한 지역주의자였을까? 이 문제는 그냥 지나칠 수 없는 문제이다.

사실 이 문제를 깊이 살펴보기 위해서는 우선 신법에 찬성한 사람과 반대한 사람들의 지역적 분포를 살펴보아야 한다. 당시 신법 시행을 찬성했거나 그 무리에 소속되었던 사람들로는 앞에서 말한 여혜경·증포(曾布)·장돈 말고도, 채확(蔡確)·왕소(王韶)·범자연(范子淵)·설향(薛向)·여가문(呂嘉問)·육전(陸佃)·등관(鄧綰)·황이(黃履)·조정지(趙挺之)·진승지·왕규(王珪)·한강·채정(蔡挺) 등이 있다.

이들의 면면을 살펴보면 대체적으로 중국의 동남 지역 출신이거나 혹은 이와 깊은 관계를 맺고 있다. 따라서 신법의 시행은 지역적으로 중국의 동남 지역, 즉 강서성·안휘성·절강성·복건성 사람들이 다수임을 알 수 있다.

사마광과 서북 사람들

신법에 반대한 사람으로는 여회와 사마광이 대표적이다. 제치삼사조례사의 설치를 반대한 사람은 정호(程顥)와 장전(張戩)이고, 청묘법에 반대한 사람은 한기(韓琦)·범진(范鎭)·부요유(傅堯愈)·부필(富弼)·구양수(歐陽修)·여공저(呂公著)·손각(孫覺)·이상(李常)·정호·진양(陳襄)이다. 또 모역법에 반대한 사람은 유지(劉摯)와 양회(楊繪)인데, 특이한 것은 소식(蘇軾)과 범순인(范純仁)은 다

른 신법은 반대했으면서도 유독 이 모역법의 시행에 대해서만
은 찬성하였다. 또한 시역법을 반대한 사람은 한천(韓川)과 문언
박(文彦博)이며, 균수법을 반대한 사람은 소식·소철(蘇轍)·유기
(劉琦)·전의(錢顗)·이상(李常)·장전이고, 보갑법에 반대한 사람은
왕공진(王拱辰)과 풍경(馮京)이며, 보마법에 반대한 사람은 대단
히 많아서 일일이 열거하기 어려울 정도이다.

이 사람들은 모두 왕안석의 신법에 반대한 사람들이다. 그러
나 신법에 반대했다고 해서 반드시 사마광과 뜻을 같이했다고
할 수는 없다. 다만 신법에 반대한 이들이 대체로 중국 서부와
황하 지역 사람들임을 알 수 있다. 물론 모든 사람이 이 지역
분류에 들어맞지는 않지만, 신법을 추진한 이들은 대체로 중국
의 동남 지역 출신이고, 반대한 사람들은 서북 지역 사람들이었
다고 할 수 있다.

천 년 전 중국의 지역 갈등

이 문제에 대해 지난 1990년에 작고한 중국의 역사학자 첸무(錢
穆) 교수는 이 당시에 벌어진 사대부들의 분쟁을 살펴보면서 그
배경에는 지역성이 있으며 그 지역을 크게 나누면 세 지역이라
고 설명했다. 하나는 삭파(朔派, 朔方), 즉 산서·섬서 등 북방 지

역이고, 다른 하나는 사천성을 중심으로 한 서부의 촉파(蜀派), 나머지 하나는 중원을 중심으로 한 낙파(洛派)라고 하였다. 이 세 지역은 각기 정치적인 의견을 달리했다. 삭파는 정통적인 북방파로 경험을 중시하고 점진적인 개량을 주장한 반면, 낙파는 이상을 강조하고 이상에 따라서 철저하게 개혁하고자 했으며 실제로 이를 정책에 옮겼던 사람들이다.

그동안 이들이 벌인 싸움을 단순한 정쟁으로 보는 경향이 강하여, 이들이 단지 개인적인 이해관계에 따라서 다툼을 벌였다고 보는 견해도 있다. 그러나 이들의 출신 지역을 보면 동남 지역과 서북 지역으로 나뉘는데, 이것을 우연으로 볼 수는 없다.

이들 두 지역은 변경과 남부라는 지리적인 차이 이외에 기후와 지형도 달랐으며, 이로 인해 농업 생산 구조도 달랐기 때문이다. 그리하여 똑같은 정책을 일률적으로 시행하더라도 지역에 따라서 그 영향이 달랐기 때문에 어느 지역에서는 대단히 훌륭한 정책으로 평가받는 것이라도, 다른 지역에서는 나라를 혼란으로 몰고 갈 정책이라는 극단적으로 평가를 받을 수가 있다.

《자치통감》의 저자 사마광은 진종(眞宗) 천희 3년(1019) 10월 18일, 지금의 하남성에 속하는 광산현(光山縣)에서 태어났다. 그의 고향은 산서성 하현(夏縣)이나, 그의 아버지 사마지(司馬池, 980~1041)가 마침 광산현에 있었기 때문이다. 사마지는 통판유수사, 어사대 시어사(侍御史), 탁지부사와 염철부사를 역임했다.

사마지의 경력을 보면 사마광이 산서성의 명문가 출신이라는 것을 알 수 있다.

한편 사마광과 대립한 왕안석의 아버지 왕익(王益, 993~1038)은 건안현 주부를 거쳐서 임강군(臨江軍) 판관, 그리고 몇 개의 지현을 거쳐서 원외랑(員外郞)을 끝으로 관직을 마감했다. 이러한 기록으로 볼 때 왕익은 사마광의 아버지 사마지에 비해 관직이 높지도 않았고, 뛰어난 업적을 쌓은 것도 아님을 알 수 있다. 굳이 분류하자면 신흥사대부라고 볼 수 있어서 전통적인 명문가인 사마광의 집안과 대조를 이룬다.

〈사마광열전〉을 보면 사마광이 어렸을 때에 아이들과 놀다가 큰 물독에 어린아이가 빠져서 위급한 지경에 이르자 돌로 항아리를 깨뜨려서 물에 빠진 아이를 구했다는 이야기가 나온다. 그만큼 영리했다는 것이다. 사마광은 19세 되던 1038년에 진사 갑과에 합격했고, 20세에는 소주판관사(蘇州判官事)의 막료직(幕僚職)이라고 할 수 있는 첨서(籤書)에 임용되었다. 이때 서하의 이원호(李元昊)가 송으로 침입해 들어와서 조정에서는 향병을 동원하려고 하면서, 강남인 양절(兩浙) 지역에 궁수(弓手)를 늘리고, 지휘사를 두자고 논의했다. 그러나 사마광은 강남에 사는 사람들은 전쟁을 모르기 때문에 그러한 조치는 공연히 사람들을 놀라게 할 뿐이라는 내용의 주장(奏章)을 올렸다.

이러한 과정에서 지화 원년(1054)에 사마광과 왕안석이 군목사(群牧司)라는 관서에서 판관(判官)으로 함께 근무한 일이 있다. 군목사는 전국의 말[馬]과 관련한 행정을 관장하는 관청으로, 이때 군목사의 수장 밑에 두 명의 판관을 두었는데 공교롭게도 왕안석과 사마광이 함께 판관이 되었던 것이다.

이때 있었던 일화 하나가 전해지고 있다. 군목사 책임자인 군목사사(群牧司使)로 포증(包拯, 999~1068, 시호는 효숙(孝肅))이라는 사람이 있었는데, 마침 봄이 되어 모란꽃이 활짝 피자 포증이 연회를 베풀었다. 사마광과 왕안석도 자연스럽게 이 술자리에 참석했는데, 사마광은 평소에 술을 좋아하지 않았지만 억지로라도 마셨다. 그러나 왕안석은 끝까지 술을 마시지 않아 포증도 어찌하지 못했다고 한다. 이 일화를 보아도 두 사람의 대조적인 성격을 짐작할 수 있다.

어쨌든 두 사람은 각기 활발한 활동을 하여 가우 6년(1061)에 사마광은 지간원(知諫院)이라는 간원의 책임자가 되고, 왕안석은 지제고(知制誥)라는 황제의 제고를 쓰는 기관의 책임자가 되었다. 그 후 신종이 즉위하면서 왕안석이 정치 일선에 나서고, 사마광은 한 발 물러나 있게 된 것은 앞에서 말한 바와 같다. 사마광이 왕안석보다 먼저 관로(官路)에 나갔지만, 결국 신종이 등극하면서 두 사람의 명암이 엇갈린 것이다. 이때에는 송 왕조가 건국한 지 100년이 되는 시기였다.

이러한 과정을 단순히 왕안석과 사마광이라는 개인 간의 이야기로만 볼 수도 있다. 그러나 앞에서 지적한 것처럼 이들 뒤에, 혹은 함께할 사람들을 보면 서북과 동남 지역 출신 인사들이 있었다. 이로 보아 당시 북송의 정치 현실에서 서북 사람들이 동남 사람들에게 밀리는 현상이 일어났고, 그것이 단적으로 왕안석과 사마광의 처지에 반영된 것은 아니었을까?

과거 합격자 수와 경제력의 관계

중국에서는 당나라 시대에 들어서면서 공식적으로 시험을 통해 인재를 선발하는 과거 제도가 시작되었다. 그러나 당나라는 엄연히 귀족이 존재하는 사회였기 때문에, 과거란 이 귀족제 사회의 보조적 수단에 지나지 않았다. 그러나 당말5대 시대를 거치면서 무인 세력인 절도사들의 발호로 귀족 사회는 급격히 붕괴했고, 사회적으로 능력이 인정된 귀족이 없어졌기 때문에 정부에서는 사대부 가운데서 필요한 인재를 뽑을 수밖에 없었다.

그런데 사대부의 수가 귀족의 수보다 훨씬 많았으므로 과거 시험은 경쟁이 대단히 심했다. 예컨대 북송 말기인 휘종 선화 6년(1124)에는 과거 응시자가 1만 5,000명에 이르렀고, 급제한 사람도 805명이나 되었지만 이 수는 응시자의 약 20분의 1밖에 안 되는 것이다.

사실 당시 상황에서 과거를 준비하여 시험을 치를 수 있는 단계에 오르는 것조차 그리 만만한 일이 아니었다. 아직 인쇄 기술이 발달하지 않아서 과거용 서책을 구하는 것도 매우 어려웠다. 예를 들어 당시 사마천의 《사기》 한 질을 구하려면 문전 옥답과 맞먹을 정도의 대가를 치러야 했다는 연구도 있었다. 그렇다면 20대 1이라는 과거 시험 경쟁률은 대단히 높은 수치다.

심한 경쟁은 한편으로 과거 시험에 필요한 경서 등 책의 수요 증가를 불러와 인쇄술 발달을 촉진하는 결과도 낳았다. 사정이 이러하니 과거 시험을 준비하려면 어느 정도 경제력이 뒷받침되어야 했다. 따라서 각 지역별 과거 시험 합격자의 수는 그 지역의 경제력과 밀접한 관련을 맺게 된다.

이렇게 심한 경쟁 상태는 당시에도 여러 가지 문제와 논의를 일으켰다. 우선 과거 합격자를 지역별로 안배하자는 논의가 일었다. 전국의 사대부들에게 똑같이 시험을 치르게 하는 것은 일면 공정해 보이지만, 중국의 넓은 영토를 생각해보면 인재를 각 지역에서 고루 뽑는 것이 공정하다는 주장이다. 즉 지역적 안배주의 같은 것이었다.

당시 북송의 상황을 살펴보면 이전의 경제 중심지였던 황하 유역 북부와 서부 지역에 요와 서하가 대치하는 상태가 되어 북송의 산업은 남부 지역으로 이동할 수밖에 없었다. 이에 따라 경제 중심지도 조금씩 재편되는 실정이었다. 이러한 변화는 바

각 시대별 황하와 양자강 유역의 인구 분포도

한대

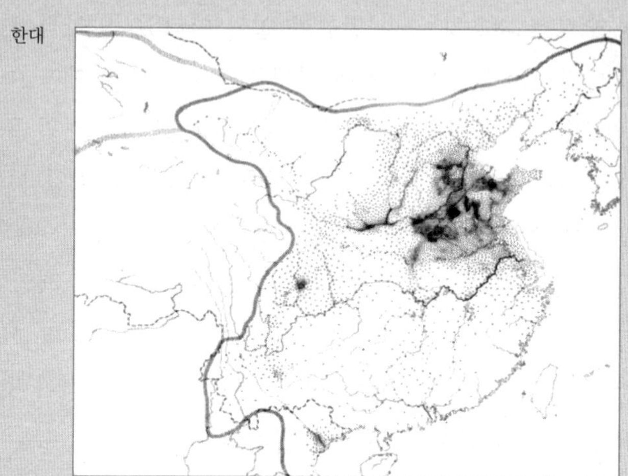

당대

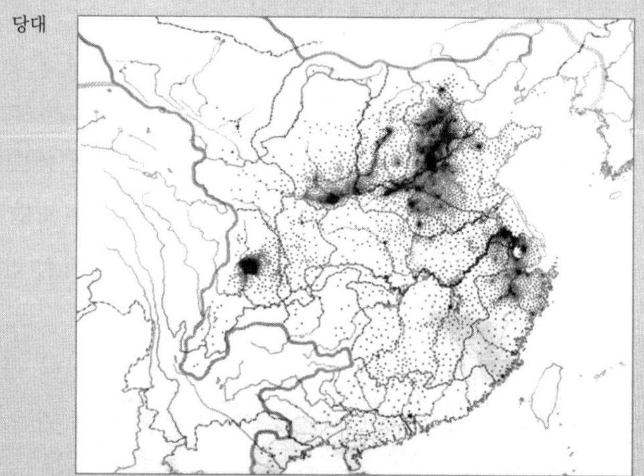

한대에는 인구가 주로 황하유역에 몰려 있었으나, 당대로 내려
오자 양자강 유역에도 인구가 증가했음을 알 수 있다. 그러다
송대로 들어오면서 황하와 양자강 유역의 인구 수가 거의 비슷

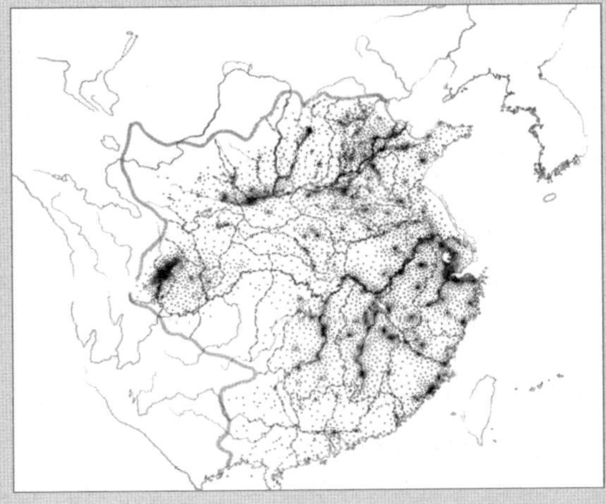

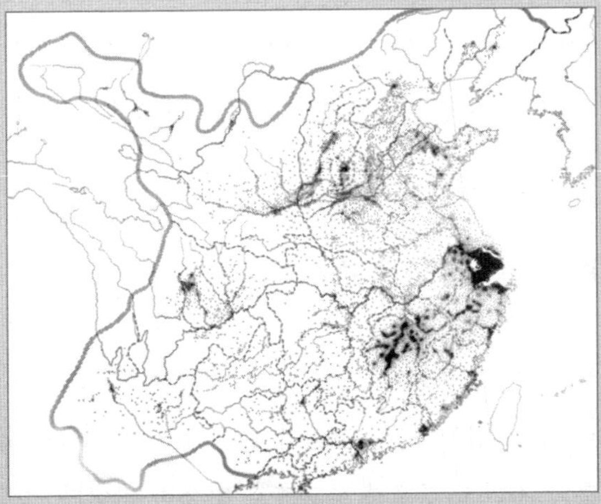

해진다. 이러한 상황이 신 구법당이 벌인 당쟁의 배경이 되었다.
분포도에서 알 수 있듯 명대에 들어서면 양자강 유역 인구가 황
하 지역의 인구보다 훨씬 많아진다.

로 과거 합격자 수에 영향을 미쳤다.

송대 이전까지는 황하 유역의 인구가 양자강 유역의 인구에 비해 월등히 많았다. 그러나 과학 기술의 발달에 따라서 농기구도 발달하고 농업 기술도 발전하여 점점 양자강 유역이 개발되고, 인구도 이 지역으로 많이 유입되었다. 특히 송대에 이르면 서하와 요의 대결 속에서 보다 안전한 동남 지역으로 인구가 이동한 것이다. 그래서 황하 유역과 양자강 유역의 인구수가 비슷해진다.

앞에 제시한 각 시대별 인구분포도와 같이 그 후 중국에서는 끊임없이 인구의 남하 현상이 일어나, 마침내 양자강 유역의 인구수가 황하 유역의 인구수를 앞지르는 결과가 나타난다. 그러나 북송시대는 아직까지 남·북의 인구가 균형을 이룬 시대였으므로, 그 세력도 남·북이 엇비슷한 시기였다고 할 수 있다.

북송시대 지배층의 지리적 분포

대만의 천이옌(陳義彦)은 이 방면에서 의미 있는 연구를 진행했다. 북송시대의 과거 시험 합격자 1,533명을 분석하여 이 시대 통치 계층의 지리적 분포를 통계표로 작성한 것이다. 오른쪽 표에 의하면 전체 23개 지역 가운데 경기로(京畿路) 160명·경서북

천이옌이 분석한 북송시대 과거 합격자의 지역별 · 시기별 분포도

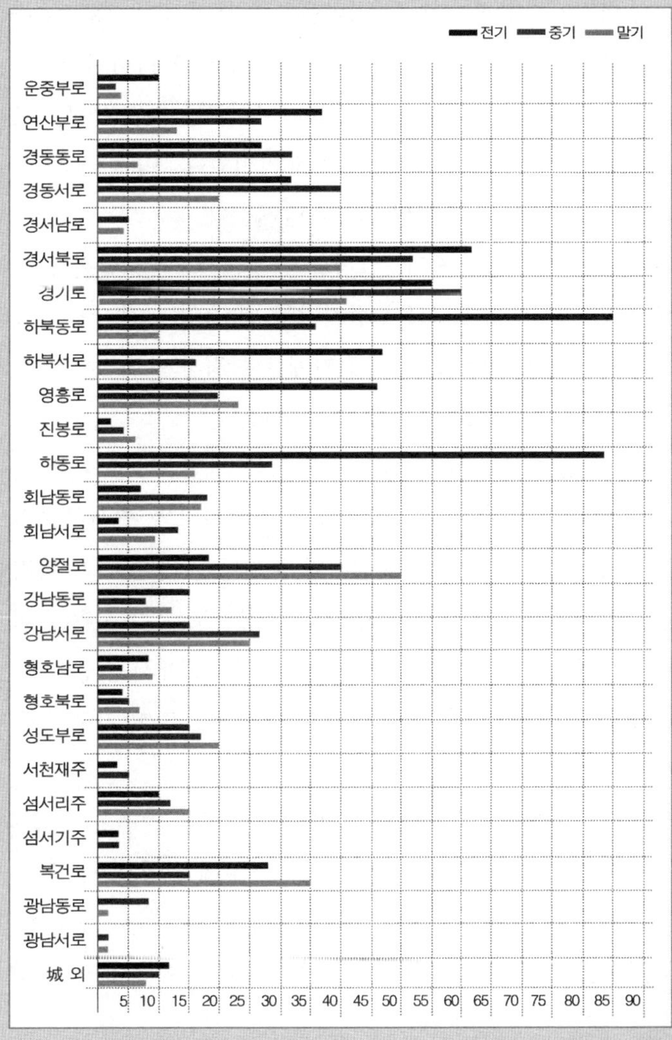

북송 전기에는 북부 지역에 합격자가 몰려 있었으나, 중기 이후 점차 남부 지역의 합격자 수가 증가함을 알 수 있다. 도표의 지역을 북에서 남으로 배열했다.

로(京西北路) 155명·하동로(河東路) 126명·양절로(兩浙路) 107명이었고, 합격자가 50명 이상인 지역을 살펴보면 경동서로(京東西路) 88명·영흥로(永興路) 83명·연산부로(燕山府路) 73명·하북서로(河北西路) 70명·경동동로(京東東路) 67명·강남서로(江南西路) 66명·복건로(福建路) 58명·성도부로(成都府路) 50명이었다. 이 수치는 북송 시대의 정치 중심지가 어디였는지 말해준다.

이를 다시 전기와 중기, 말기로 나누어서 과거 합격자를 분석해보면, 각 시기에 고르게 합격자를 낸 지역과 전기에 많았다가 차차 줄어든 지역, 그리고 전기에는 합격자가 적었으나 말기에는 증가한 지역으로 구분할 수가 있다.

전기에 많았으나 차차 줄어든 지역을 보면, 가장 심한 곳이 하동로와 하북서로이고, 그 다음이 경서북로와 연산부로였으며, 경동서로와 경동동로도 전기와 중기에는 많은 수가 합격했으나 말기에 급격히 감소한 지역이다. 경기로는 각 시기에 비슷한 수의 합격자를 냈으며, 양절로와 강남서로에서는 중기와 말기로 갈수록 급격하게 숫자가 늘었고, 복건로도 말기로 갈수록 숫자가 증가했다.

이러한 결과를 분석해보면 흥미로운 사실을 발견할 수 있다. 북송 전기에는 핵심 정치인들이 모두 북부에 있었으나, 중기 들어 강남 지역 인재들이 정치 핵심부로 들어가는 숫자가 눈에 띄게 증가했으며, 초기에 최고조에 달했던 북부 지역이 점차 퇴조

북송시대 재상의 임용 순서와 출신 지역

순서	이름	출신지	순서	이름	출신지
1	범질	하북	37	유항	강서
2	왕부	산서	38	부필	하남
3	위인포	하남	39	한기	하남
4	조보	하북	40	증공량	?
5	설거정	하남	41	진욱	?
6	심의륜	하남	42	한강	하남
7	노다손	하남	**43**	**왕안석**	**강서**
8	송기	하북	44	오충	복건
9	이방	하북	45	오규	사천
10	여몽정	하남	46	채확	복건
11	장제현	산동	47	한진	하남
12	여단	하북	**48**	**사마광**	**산서**
13	이항	하북	49	여공저	안휘
14	향민중	하남	50	여대방	섬서
15	필사안	산서	51	범순인	강소
16	구준	섬서	52	유지	사북
17	왕단	산동	53	소송	복건
18	왕흠약	강서	54	장돈	복건
19	이적	하북	55	한충언	하남
20	정위	강소	56	증포	강서
21	풍증	하남	57	채경	복건
22	왕증	산동	58	조정립	산동
23	장지백	하북	59	하집중	절강
24	장사손	호북	60	장상영	사천
25	여이간	안휘	61	정거중	하남
26	왕수	하남	62	유정부	절강
27	진요좌	사천	63	여심	복건
28	장득상	복건	64	왕보	하남
29	안수	강남	65	백시중	안휘
30	두연	절강	66	이방언	하남
31	가창조	하북	67	장방창	하북
32	진집중	강서	68	오민	강소
33	문언박	산서	69	서처인	호북
34	송상	호북	70	당각	절강
35	방적	산동	71	하탁	사천
36	양적	산동			

한 것이다. 그리하여 북송 말기에 이르면 정치·문화의 중심이 남방으로 이동했다고 천이이옌은 결론 내린다.

다시 같은 시각으로 북송시대 최고 직위인 재상에 오른 사람을 보면 모두 71명인데, 재상에 오른 순서대로 이들을 나열하고 그 출신 지역을 보면 왕안석이 북송의 43번째 재상이 되기 전까지 동남 지역 사람으로 재상에 오른 사람은 42명 가운데 아홉 명밖에 안 된다[앞의 표 참고]. 또 왕안석 이후 사마광이 재상 자리에 오른 것도 예외적인 일이라고 할 수 있다.

이렇게 볼 때에 이 두 사람이 재상에 오른 시기는 남·북의 세력이 엇비슷한 시기였다고 볼 수 있다. 왕안석이 재상이 되고, 사마광이 《자치통감》을 지은 것도 마찬가지 상황에서 이뤄진 일이었다. 즉 왕안석은 그동안 서북부 인사들에 의해 정국이 움직여 온 상황을 반전시킨 것이고, 이에 따라 남방 사람들에게 불리하게 작용했다고 생각한 부분을 개혁하고자 했다. 그리고 사마광은 이 시기에 《자치통감》 속에서 왕안석의 개혁이 옳지 않다는 주장을 펴고, 이 이론으로 황제를 설득하고자 한 것이다.

10 사마광과 왕안석을 저울질한 신종

《자치통감》에 쏟은 신종의 관심

앞에서 살펴본 것처럼 《자치통감》은 당시 중국 동남 지역을 대표하는 왕안석의 부상으로 권력을 잃은 사마광이 낙양으로 내려가서 15년간 저술한 역사책이다. 그래서 《자치통감》에는 역사상 개혁을 추진하다가 실패한 예가 많이 거론되고 있다.

그러나 사마광은 정치 일선에서 물러난 뒤에도 황제의 극진한 관심과 대우를 받았다. 앞서 말한 것처럼 사마광이 역대 군신들의 사적을 편찬하게 된 것은 영종 황제의 명령 때문이었으나, 《통지》라는 이름으로 먼저 나온 여덟 권을 실제로 바친 대상은 신종이었다. 신종은 친히 이 책의 이름을 《자치통감》이라고 명명했다. 또한 이 책이 완성되기도 전에 서문을 지어서 주며 이 책이 완성된 다음에 이 서문을 함께 실어 간행하도록 했다.

서문에서 신종은 이 책을 이렇게 칭찬했다.

> 이 책에 실린 내용을 보면, 밝은 군왕과 훌륭한 신하들이 정치하는 도리를 절실하게 토의하고 의논한 자세와 지밀한 말들이 있다. 그리고 덕을 베풀고 형벌을 주는 좋은 제도, 하늘과 사람이 서로 더불어 하는 관계, 아름답거나 혹은 허물이 되는 증거의 근원, 권위를 세우고 복이 되며 번영하고 쇠락하게 되는 근본에 관한 내용도 있다. 또한 규모(規模)를 이롭게 하거나 해롭게 하여 나타나는 효과, 훌륭한 장수의 방책과 지략, 법조문을 잘 따르는 관리가 만든 조목조목의 가르침, 사악함과 올바름으로 결단을 내린 것들도 실려 있다. 더 나아가서는 정치에 소홀한 부분의 요점을 파악하고, 문장에서 근원이 있고 기품이 두터운 체재, 잠언(箴言)이나 간언(諫言)이 가진 깊고 절실한 의미 등까지 매우 잘 갖추어 놓았다.

이렇게 《자치통감》에 대해 깊은 신뢰를 보낸 신종의 관심은 일시적인 것이 아니었다. 사마광이 《자치통감》을 완성하고 황제에게 올린 글을 보면, 그가 낙양에 가서 《자치통감》을 쓰는 동안 신종이 계속 후원해주었음을 알 수 있다.

선제(先帝, 영종)께서는 이어서 제가 직접 이 일에 종사할 관속을 선발하도록 명령하시고 숭문원(崇文院)에 이 책을 편찬할 편집국을 설치하시며 용도각(龍圖閣)과 천장각(天章閣), 그리고 삼관(三館)과 비각(秘閣)에 있는 서적을 빌어 볼 수 있게 허락하시었습니다. 또한 어부(御府)에 있는 붓과 먹, 그리고 비단 그리고 어전(御前)에 있는 전폐를 하사하시어 과일과 먹을 것을 공급하시었습니다. 그리고 내신(內臣, 환관)으로 하여금 황제의 뜻을 이어 받아 연락하도록 하시니 특별히 받은 영광은 황제를 가까이 모시는 신하들조차 따를 수 없는 지경이었습니다.

불행하게도 이 책을 아직 황제께 올리기 전에 선제께서는 여러 신하를 버리고 떠나셨습니다. 폐하[신종]께서는 대통을 이어 받아 선제께서 남기신 뜻을 삼가 이으시고, 책의 첫머리에 서문을 지어주시는 은총을 베푸셨으며, 좋은 이름도 내려주시었고, 경연을 열 때마다 항상 나아가 이 책을 읽어 올리도록 하셨습니다.

여기에서 선제란 영종을 말하고, 폐하라고 지칭한 사람은 신종을 가리킨다. 사마광은 영종뿐만 아니라, 신종도 자신을 특별히 우대해주었음을 밝힌 것이다.

그 우대의 첫 번째는 우선 자료를 마음대로 열람하게 한 것

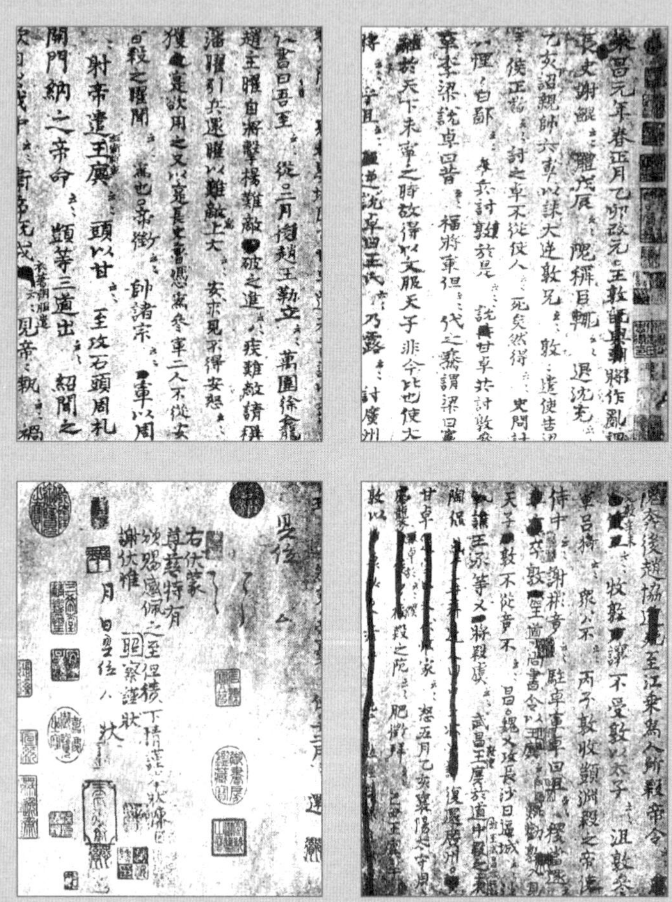

이것은 사마광이 《자치통감》을 편찬하면서 손수 쓴 수고(手稿)로 《자치통감》 권92 진(晉) 원제 영창 원년(322) 3월의 초고(草稿)이다. 현재의 완성본과는 다소 출입이 있으며, 낙관은 열람자 혹은 소장자의 것이다.

이다. 당시는 아직까지 필사본이 주를 이루던 시대였다. 비록 이 시기에 인쇄술이 나타났다고 하지만, 실제로 인쇄된 도서는 극소수에 불과했다. 필사본 도서가 가장 풍부하게 비치돼 있는 곳, 그곳은 황제의 도서관이었다. 사실 사마광은 《자치통감》 편찬에 필요한 자료를 열람하기 위해 황제의 도서관을 이용해야 했지만, 도서를 보관하고 관리하는 용도각과 천장각, 삼관, 비각 등은 아무나 이용할 수 있는 곳이 아니었다.

당시 황제의 어용 도서관은 자료 공개를 위한 것이 아니라 독점을 위해 비공개로 도서를 수집해놓은 곳이었다. 그렇기 때문에 황제 이외의 사람은 쉽게 이용할 수가 없었다. 이러한 점을 고려한다면, 신종이 사마광에게 황실 도서관을 마음대로 이용하게 했다는 것은 사마광에게 《자치통감》의 저술을 위해 대단한 특혜를 준 것이라고 보아야 할 것이다.

또 신종은 《자치통감》을 편찬하는 데 드는 경비 외에도 친히 붓과 먹을 하사했고, 비단과 돈을 내려주어서 이것으로 과일을 마음대로 먹을 수 있게 하는 등 충분한 재정적인 뒷받침을 해주었다. 지금이야 과일이 흔하지만, 당시로선 과일을 먹는다는 것이 그리 쉬운 것이 아니었다. 따라서 사마광은 과일을 먹을 수 있는 황제의 특별한 배려를 받은 것이다.

신종(神宗, 1048~1085)

중국 북송 제6대 황제. 요나라와의 싸움에서도 하동의 경계지를 양보하였으며, 서하의 원정에서도 크게 패하자 실의 속에 죽었다. 신종의 정치는 급진적이어서 실패한 것도 많았으나 나라의 체제를 바로잡고 국가 권력의 확립에 기여하였다. 왕안석을 재상으로 등용하고 사마광에게 《자치통감》을 짓게하며 남북세력의 대결 속에서 황제권을 강화했다. 《자치통감》의 이름을 짓고, 서문을 썼다.

신종의 이중적 태도

사마광이 《자치통감》을 편찬하는 동안 계속 관직을 유지할 수 있게 해준 것도 특별한 배려였다. 관직을 유지한다는 것은 신분을 보장받는다는 뜻이기 때문이다.

사마광이 황제에게 올린 표문을 보자.

> 저를 지영흥군(知永興軍)으로 차출하신 때에는 (제가) 쇠약하고 질병이 있어서 그 일을 강담할 수 없을까 하여 용관(冗官)의 자리로 나아가기를 빌었나이다. 폐하께서는 굽어 살피시고 제가 바라는 바대로 좇아주시었으며, 또한 완곡하게 용모를 보양하도록 하사품을 주시었습니다. 그리고 판서경유사어사대(判西京留司御史臺) 직책과 제거서경숭산숭복궁(提擧西京崇山崇福宮) 직책을 겸하도록 차출하시었습니다. 이와 같은 일을 앞뒤로 여섯 차례나 맡게 하시며 《자치통감》의 편집국을 저와 함께 이동하게 하시었고, 녹질(祿秩)을 내려주시며 직책과 업무에 관하여 책임을 지우지 아니하셨습니다.

한 마디로 관직을 유지하면서 《자치통감》 편찬에 온 힘을 쏟을 수 있도록 배려해주었다는 것이다. 영흥군이란 서안부(西安府, 섬서성 장안현)로 장안(長安)을 말한다. 이 지역의 행정 잭임자로 임명되었으니 이대로라면 사마광이 낙양을 떠나 장안으로 가는 것은 당연했다. 그러나 장안에서 근무하게 되면 《자치통감》 편찬 작업을 제대로 추진하기 어려웠을 것이다. 낙양에서 《자치통감》을 쓰고 있었기 때문이다. 그러자 사마광은 몇가지 이유를 들어서 업무가 별로 없는 직책, 즉 용관으로 옮겨달라고 청했고 신종 황제가 이를 들어주었고, 여기에 덧붙여 몸을 보양하라고 여러 가지 하사품까지 내려주었다.

그리고 신종은 사마광에게 낙양에서 두 가지의 직책을 겸하게 했다. 서경은 낙양을 말한다. 하나는 서경에 주재하는 어사대를 책임지는 직책이었고, 다른 하나는 숭산에 있는 숭복궁 제거라는 직책이었다. 사마광이 용관(冗官)이라는 용어를 쓴 것을 보면, 이 두 직책은 녹봉을 받기는 해도 실제 업무는 많지 않는 한직이었던 것으로 보인다. 그런데 이 자리를 임기가 차면 떠나야 했지만 신종은 다시 임명하는 방식으로 그를 머물게 했고, 그것도 여섯 차례나 연임하게 했으니 배려도 이런 배려가 없다고 할 수 있다. 이 모든 것이 《자치통감》 때문이었음은 물론이다.

이러한 관심과 배려는 나중에 이 책의 훼판을 막아주기도 했다. 신·구법당 당쟁이 벌어져 신법당 사람들이 《자치통감》 목판을 부숴버리자고 했지만 신종이 서문을 쓴 책이기 때문에 그들도 실행에는 옮기지 못했다.

그런데 여기서 한 가지 의문이 생겨난다. 신종은 왜 정치 일선에서 밀려난 사마광이 이 책을 저술을 할 수 있도록 지원했던 것일까? 더 구체적으로 말해 신종은 왜 한편으로는 개혁파인 왕안석을 통해 신법을 추진하면서, 다른 한편으로는 보수파이며 개혁에 반대하는 주장을 편 사마광의 《자치통감》 편찬을 지원하는 이중적인 태도를 취했을까?

어느 한쪽을 편들 수 없었던 이유

이러한, 어찌보면 어정쩡한 신종의 태도를 이해하기 위해선 당시 신종이 이끌었던 송 왕조의 처지와 주변 상황을 이해해야 한다. 송 왕조의 건국은 새로운 시대의 개막이라고 할 정도로 그 이전 시대와 다른 시대를 열었다. 문학적으로는 위진남북조 이래로 유행한 수사와 형식을 중시한 46병려체(騈儷體)를 반성하고, 내용을 중시하고 질박한 문장을 추구하는 선진시대와 한대에 쓰인 고문(古文) 형식을 부흥하자는 운동이 일어나고 있었다. 이러한 움직임을 주도한 이는 소순·소식·소철의 소씨 집안 삼부자와 구양수·증공·왕안석을 포함한 당송8대가로 불리는 대문장가들이었는데, 이 시기에는 당나라 시대에 활동한 한유(韓愈, 768~824)와 유종원(柳宗元, 773~819)을 뺀 나머지 여섯 명이 활동하고 있었다.

유학(儒學)에서도 《6경》을 글자풀이를 하고 이를 묵수하는 훈고학에서 벗어나, 위진남북조시대에 성행한 불교의 영향 아래 새로운 방향을 모색하려는 움직임이 나타났다. 그리하여 경전을 철학적으로 해석하고, 새로운 경전으로 《4서(四書)》를 만들어내는 신(新)유학이 등장했다. 그 배후에는 주돈이·장재·정이천·정명도·소강절 등 대학자들이 있었다.

사회적으로는 당 현종 때(755) 일어난 안록산과 사사명의 반란 사건 이후로 200년 간 계속된 무인 절도사들의 시대를 마감하기 위해, 이른바 술잔에 병권을 녹였다는 말이 나올 정도로 무인 세력을 약화시키고 문관 지배 체제로 전환해가던 시기였다.

여기에 위진남북조시대 이후로 사회를 이끌어온 귀족 세력들이 당말5대 시기를 거치면서 철저하게 무너진 뒤 사대부 세력이 등장하여 정치를 담당하고 있었다. 이들은 법률과 제도를 새롭게 만들어나가야 하는 책무를 맡고 있었다.

대외적으로는 서하와 요를 건설하는 등 강력한 세력을 형성한 서북방 민족을 상대로 끊임없이 교섭을 벌이면서 국가를 지탱해야 하는 상황이 이어지고 있었다. 이러한 상황에서 여러 가지 농기구의 발달은 남방, 즉 양자강 개발을 가능하게 하여 경제 중심지가 황하 유역에서 양자강 유역으로 바뀌고 있었고, 이에 따라 인구수도 양자강과 황하 유역이 비등한 상태가 되었다. 아직까지 동남 지역으로 완전히 기울진 않았지만, 이러한 변화는 앞에서 지적한 것처럼 서북과 동남 지역 출신 위정자들의 수를 비슷하게 만들었다. 다시 말해 사마광과 왕안석이 살던 시기는 북송시대에 대립한 남·북 세력이 균형을 이룬 시기였다. 균형이란 말을 다르게 표현하면 그만큼 강력히 대립했다는 뜻이다.

이러한 시기에 북송을 통치한 신종이 어느 한쪽을 완전히 지지하기란 어려웠을 것이다. 그리하여 한편으로는 신흥 세력을 대표한 왕안석을 내세워 개혁을 시도하고, 다른 한편으로는 전통 세력을 대표한 사마광을 통해 이를 적당히 견제하는 역할을 담당하게 한 것으로 볼 수 있다.

도전받는 황제권, 그 해결책

신종의 이 같은 행동은 황제권 강화라는 측면과도 밀접하게 연결되어 있다. 송대의 군주권은 겉으로는 대단히 강화된 것처럼 보여도 황제가 전횡할 수 있는 수준은 아니었다. 황제의 칙령이라는 것도 재상이 안건을 만들어 올리면 이에 동의하는 정도에 지나지 않았다. 또 설혹 황제가 모든 정치 사안을 다 관장한다

고 해도, 모든 국가 기관에 황제의 관심과 권력이 두루 미칠 수
는 없는 것이 현실이었다.

뿐만 아니라 황제 주변에는 항상 여러 사람이 붙어 있다시피
하여 황제가 마음대로 행동하거나 말하기란 대단히 어려웠다.
특히 황제의 고문 역할을 담당한 한림학사는 황제의 일거수일
투족을 뒤쫓았으며, 승지는 황제 곁에서 조금도 떨어지지 않았
다. 실제로 황제는 온갖 감시 아래에 놓여 있었다고 해도 틀리
지 않았다.

더군다나 영종과 신종 때는 귀족을 대신한 사대부 계층이 완
전히 자리를 잡은 뒤였다. 사대부들은 문벌이나 지연에 따라 각
기 스승과 제자라는 사승(師承) 관계를 맺고 있었고, 자연히 각
파벌을 대표하는 영수(領袖)들이 나타났다. 이에 따라 황제의 권
한도 실제로는 이 영수들의 손에 장악되었다고 해도 과언이 아
니다. 특히 신법당의 영수인 왕안석의 경우에는 조정의 모든 권
한을 다 장악했다.

《송사》〈왕안석전〉을 보면, 어사중승에 있던 여회가 왕안석
이 저지른 열 가지 과실을 거론하자 왕안석이 그 자리에 여회
대신 여공저를 추천했다는 기록이 있다. 송대 어사중승은 감찰
기관인 어사대의 수령으로, 관리의 과실을 지적하는 것이 그 본
분이었다. 그런데 왕안석의 잘못을 지적했다는 이유로 그 자리
에서 쫓겨난 것이다.

<왕안석전>에는 '간관인 범순인(范純仁, 1027~1101)·이상(李常, 1027~1090)·손각(孫覺, 1028~1090)·호종유(胡宗愈, 1029~1094)가 모두 그들이 말한 결과를 얻지 못하고 뒤를 이어서 쫓겨났다.'라는 기록도 있다. 한마디로 왕안석은 자신을 비판하는 간관들까지 쫓아낼 정도로 세력이 막강했음을 알 수 있다.

왕안석은 세력뿐 아니라 성격도 매우 강하여 황제도 대응하기 어려워했다. 《왕안석전집》을 보면, 왕안석이 어떤 사람을 특정 관직에 채용하자고 추천했는데 신종이 허락하지 않자 계속 채용해달라는 글을 올렸다는 기록이 있다. 이러하니 그가 정치를 하면서 조정에 마치 자기 외에는 아무도 없는 것처럼 굴었다는 기록이 과장은 아닌 것이다. 한번은 신법에 대해 논의하다가 성난 눈으로 여러 사람들을 보며 "여러분들은 앉아 있기만 하고 책은 안 읽는구려!"라고 호통쳤다는 이야기도 전해진다. 이런 모욕적인 언사를 통해 왕안석의 독단적인 성격과 위세를 짐작해볼 수 있다.

《송사》에는 이러한 기록도 있다. 상원(上元, 정월 보름)일 저녁에 왕안석이 말을 타고 선덕문(宣德門, 황궁의 북문으로 어가의 출입문)을 통과하다가 위사(衛士)들이 말고삐를 잡고 길을 가로막자, 화가 나서 자신을 가로막은 위사들을 잡아서 벌을 주라고 주청을 올렸다. 이때 어사 채확(蔡確, 1037~1093)이 나서서 숙위하는 군사가 받들어 모셔야 할 사람은 황제뿐이므로, 재상이라도 마땅히 말에서 내려야 한다고 왕안석의 무도함을 비난했다.

사실 왕안석은 신하로서 말을 타고 들어올 수 없는 어가가 출입하는 지역에까지 말을 타고 들어왔으므로 제재를 받는 것이 당연했다. 그러나 신종 황제는 오히려 왕안석을 막은 위사에게 곤장을 치고 내시를 내쫓았다. 그런데 왕안석은 신종의 이러한 조치에도 불평을 멈추지 않았다고 한다. 왕안석이 이렇게 행동한 논리적 근거는 무엇이었을까?

황제라 하더라도 스승 앞에선 제자

왕안석은 맹자를 존경하고 그 이론을 좇는 사람이었기 때문에, 황제라 하더라도 스승 앞에서는 제자로서의 예를 갖추어야 한다고 생각했다. 또 황제가 아무리 훌륭하다 해도 그 밑에 있는 신하 가운데 인재가 없거나 또는 제대로 된 법도가 없다면 치세를 이루기 어렵다고 믿었다. 신종 조욱(趙頊, 1048~1085)은 왕안석보다 스물일곱 살이나 아래였으니, 더욱 그러했을지 모른다.

실제로 《왕안석전집》 속에는 왕안석이 황제에게 올리는 글 가운데 황제가 아무리 훌륭해도 천하가 어려워질 수 있다고 주장한 대목이 있다.

신 왕안석이 가만히 폐하[신종]를 보니 공손하시고 절약하시는 덕을 갖고 계시며, 예지와 총명으로 밤낮없이 하루라도 게으름을 피우지 않으십니다. 여러 가지 놀이를 하는 가운데서도 조그만 잘못이 없으시고, 백성과 재물을 아끼시는 뜻을 갖고 계심이 천하에 잘 알려져 있습니다. 그리고 천하 사람들이 원하는 사람을 잘 가려 뽑아서 재상으로 임용하여 그에게 일을 위촉하시고, 아첨하고 재주 피우는 신하는 두 번 다시 재용하시 않으시니, 아마 옛날 중국의 성스러운 군주였던 2제(帝)3왕(王)의 마음 씀도 이렇지 못했을 것입니다.

그러면 의당 집안은 풍족하게 되고, 천하는 크게 잘 다스려져야 할 것이나, 어찌된 일인지 그 효과는 이러한 상태에 이르지 못했습니다. 그리하여 안을 들여다보면 사직(社稷)에 걱정거리가 없다고 할 수 없고, 밖을 내다보아도 이적들에 대한 두려움이 없을 수 없으며, 천하여 재정과 능력은 날로 고단하고 어려워지며, 풍속도 날로 쇠퇴하니 사방에 뜻 있는 선비들은 천하가 오래 불안할까 두려워하고 있습니다.

이렇게 된 것이 무엇 때문입니까? 걱정거리는 법도를 알지 못하는 까닭입니다. 그리고 지금 천하에 인재가 부족하기 때문입니다.

지금의 황제는 황제로서 본분을 충실히 이행하고 있으나 천

하가 잘 다스려지지 않으니, 이는 신하 가운데 인재가 없기 때문이라는 주장이다. 황제의 역할이 상대적으로 신하보다 덜 중요하다는 말이다.

이 말은 군주라도 군주로서 제 역할을 하지 못하면 이미 군주가 아니고 아무도 도와주는 이 없는 외로운 한 명의 지아비[一夫]일 뿐이고, 따라서 그런 군주는 뒤집어엎어도 된다고 한 맹자의 주장과 유사하다. 이러한 왕안석의 주장이 신종에게 황제권 약화에 대한 우려를 불러일으킨 것은 당연하다.

군주와 신하, 누가 우선인가?

이러한 왕안석의 행동이나 주장에 대해, 사마광은 군주의 역할이 신하의 그것보다 더 중요하다는 실례를 《자치통감》 여기저기에 제시해놓았다. 그 가운데 몇 가지를 살펴보자.

1. 상앙 이야기

공숙(公叔)이 위나라 혜왕에게 좌(座)라는 사람의 서자인 위앙(魏鞅)을 소개했다. "나이는 비록 어리지만 기이한 재주를 갖고 있으니, 온 나라의 일을 들어가지고 그에게 의견을 듣도록 하십시오." 그러나 위 혜왕은 아무 말이 없었다. 그러자

위앙은 위나라를 떠나서 진(秦)나라로 갔고, 이때 진나라 효
공은 총애하는 신하인 경감(景監)의 소개로 위앙을 만났다.
그리고 위앙이 말하는 부국강병책을 듣고 대단히 기뻐하며
나라 문제를 함께 논의하였다.

- 《자치통감》 권1~2

이처럼 위앙의 정책을 10년 간 시행한 결과, 진나라에서는 길
에서 떨어진 물건을 줍는 사람도 없고, 산에는 도적이 없었으
며, 백성들은 공적인 싸움에서는 용감해도 개인적인 문제로 다
투는 것에는 겁을 먹게 되어 온 나라가 잘 다스려져서 강한 국
가로 바뀌었다.

위앙은 그가 원래 위나라 사람이었기 때문에 붙여진 이름이
고, 진나라로 간 다음에 공을 세우고 상군(商君)에 책봉되었기에
상앙(商鞅)으로 불린다.

이 사례를 통해 생각해볼 문제는 신하인 상앙의 재주가 중요
한 것이냐, 아니면 그 재주를 알아보고 채용한 진나라 효공의
역할이 중요한 것이냐 하는 것인데, 흐름상 효공의 역할이 더
중요하다고 말하고 있는 것이다.

2. 무능한 위나라 혜왕

전국시대 위나라 혜왕의 당대의 현자인 맹자를 만나고도 그

의 정책을 채택하지 않아서 결국 패망했다. 사마광은 《자치통감》에 위나라 혜왕이 맹자를 만난 사실을 기록해놓았다.

추(鄒)나라 사람인 맹가(孟軻)가 위나라 혜왕을 알현하였다. 왕이 말하였다. "영감께서 천 리를 멀다 아니하시고 오셨으니 우리나라에 이로움이 있겠지요?" 맹자가 말하였다. "임금께서는 어찌하여 반드시 이로움이 있기를 말하십니까? 그보다는 어짊과 의로움이 있을 뿐입니다." 왕이 말하였다. "훌륭한 말씀이오."

— 《자치통감》 권2

사마광은 이 내용 뒤에 위나라에서는 한 치나 되는 큰 구슬을 국가적인 보배로 여겼지만, 그것이 훌륭한 인재보다 못하다는 사실을 몰랐으며, 이렇게 인재를 몰라본 결과 하서 지역을 빼앗기는 수모를 당하였다고 기록하였다. 사마광은 여기에 이렇게 덧붙였다.

위나라 혜왕은 두려워하였다. 그리하여 사자(使者)를 통해 하서 지역의 땅을 진(秦)나라에 바치며 화의를 청하였다. 그리고 안읍(安邑)을 버리고 대량(大梁)으로 도읍을 옮기었다. 그러고는 끝내 한탄하기를 '내가 공숙의 말을 채택하지 않은 것을 한스럽게 생각한다.'라고 하였다.

－《자치통감》 권2

혜왕은 상앙을 등용하라는 공숙의 권고를 채택하지 않은 것이 큰 실수였음을 패한 뒤에야 깨달았다. 이 사례 역시 유능한 신하가 있다고 해도 군주가 이를 제대로 판단하지 못하면 실패할 수밖에 없는 것을 말해준다.

3. 한신을 알아보지 못한 항우

진나라가 망하고 유방의 한나라와 항우의 초나라가 각축을 벌일 때, 명장 한신이 처음에는 항우에게 갔으나 항우는 그를 제대로 알아보지 못하였다. 그러나 유방은 그를 알아보고 대장군으로 삼았다.

항량이 회하를 건너게 되자 한신은 칼을 잡고 그를 좇아서 그 휘하에 들어갔지만 아무도 그를 알아주지 않았다. 그 후 항량이 실패하고 나서 항우에게 소속되었는데, 항우는 한신을 낭중(郎中)으로 삼았다. 이에 한신이 여러 차례 항우에게 정책을 건의하였으나, 항우는 이를 채택하지 않았다.
한나라 왕인 유방이 촉(蜀) 지역으로 들어갈 때 한신은 항우의 초나라에서 도망하여 한나라로 갔다. 그때 등공(騰公)이 한신을 만나보고 크게 기뻐하여 이 사실을 유방에게 말하니,

한나라 왕은 그를 치속도위로 삼았다. 그 후 한신이 한나라를 도망하였는데, 소하(蕭何)가 쫓아가서 한신을 데려왔다. 유방이 소하에게 다른 사람들이 도망할 때에는 그냥 두더니 왜 한신이 도망하니까 쫓아가서 데려왔느냐고 묻자, 소하가 대답하였다. '대왕께서 이 한중(漢中) 땅에서 오래도록 왕 노릇을 하고자 한다면 한신을 부릴 일이 없을 것입니다. 그렇지만 천하를 놓고 항우와 다투려고 한다면 한신 같은 사람이 아니고는 함께 계책을 꾸밀 사람이 없습니다.'라고 했다. 이 말을 듣고 유방이 그 말을 받아들였다.

- 《자치통감》 권9

한신이 아무리 군사적으로 유능한 인물이라고 하더라도, 유방처럼 그를 알아주는 이가 없으면 아무 소용이 없다. 유방은 이러한 안목 덕분에 승리하여 한 제국을 건설하였고, 강력한 군사력을 가졌던 초왕 항우는 실패하였다. 이 역시 마찬가지로 사마광이 주장한 군주우위론에 적합한 사례이다.

4. 진평을 채용한 유방

진평(陳平)은 유방의 모사로 한초전(漢楚戰)에서 대단한 활약을 보인 사람이다. 《자치통감》에서는 다음과 같이 기록하고 있다.

양무(陽武) 사람인 진평은 집이 가난하였으나 책 읽기를 좋아
하였다. 제후들이 진(秦)나라에 반란을 일으키자 진평은 위나
라 왕인 구(咎)를 임제(臨濟)라는 곳에서 섬기어 태복(太僕)이
되어 위왕에게 여러 방책을 말하였으나 위왕은 듣지 않았으
며, 어떤 사람이 그를 참소하자 도망하였다.

그 후 항우를 섬기었는데, 항우는 그에게 작위를 주고 경(卿)
으로 삼았으며, 나가 싸우게 하고 승리했을 때에는 상을 주
었다. 그러나 한나라 유방이 은(殷) 지역을 공격하여 함락시
키자 항우는 화가 나서 은 지역을 담당했던 장사와 관리들을
다 죽이려고 했다. 이때 이 지역을 책임지고 있던 진평은 두
려워서 항우에게 받은 금과 관인을 항우에게 보내고 한나라
로 망명하였다. 한나라 유방은 그를 특별히 우대하니 다른
사람들이 불평하는 소리가 있었지만 유방은 더 진평을 가까
이 하였다.

– 《자치통감》 권9

이 역시 진평의 능력을 알아본 한 고조 유방의 역할이 강조
된 내용이다.

5. 낙의와 연나라 군주들

낙의(樂毅)는 전국시대의 유명한 장수로, 이 사람을 대하는 군

주의 태도에 따라 연나라의 운명도 달라졌다.

> 연나라 왕이 군사를 일으켜 낙의를 상장군으로 삼았는데, 진
> (秦)나라의 위(尉)란 벼슬을 가진 사리(斯離)가 군사를 거느리
> 고 와서 삼진(三晉) 지역의 군사와 만났다. 조나라 왕이 상국
> (相國)의 도장을 낙의에게 주어, 낙의는 진·위·한·조나라 군
> 사를 거느리고 제나라를 정벌하였다. 군사를 이끌고 제나라
> 로 깊이 쳐들어가니 제나라 사람들이 과연 큰 혼란에 빠졌
> 고, 제나라 민왕도 나와서 도망하였다.
>
> — 《자치통감》 권4

여기에 소개된 사건은 연나라 소왕(昭王) 때의 일이다. 소왕이
낙의를 신임했기 때문에 삼진의 군사를 낙의에게 맡겼고, 그 때
문에 연나라는 강력한 제나라를 공격하여 승리를 이끌어낼 수
있었다. 삼진이란 춘추시대 때 강력한 제후국이던 진실(晉室)이
약화되어 한·위·조의 세 나라로 나뉘는데 이것을 합하여 호칭
한 것이다.

그러나 소왕이 죽고 나서 등극한 연나라 혜왕(惠王)은 낙의를
달리 대했다. 다음은 《자치통감》의 내용이다.

혜왕은 태자 시절부터 낙의에게 유쾌한 생각을 갖지 않았다.

이에 제나라의 전단(田單)이 이 소식을 듣고 간첩을 연나라로 들여보내어 왕과 낙의를 이간시켰더니, 혜왕이 낙의를 의심하던 터에 제나라 간첩의 이간하는 소리를 듣고 낙의 대신에 기겁(騎劫)이라는 사람으로 하여금 군사를 거느리게 하고 낙의를 불러들였다. 낙의는 혜왕이 좋지 않은 생각을 갖고 자기의 직책을 다른 사람에게 대신하게 한 것을 알고 조나라로 도망하였다.

- 《자치통감》 권4

이어서 낙의가 없는 연나라가 제나라에게 패망하는 과정이 나온다.

연나라 군사들은 더욱 게을러졌다. 그 후 연나라 군사들이 크게 놀라서 달아나니 제나라 사람들은 도망하는 사람들을 추격하여 북쪽으로 쫓아갔다. 제나라 군사들이 가는 곳마다 사람들은 모두 연나라를 배반하여, 제나라의 성이 되었다. 제나라 군사들은 더욱 많아지고 이긴 형세를 탔으며, 연나라는 날로 패망하여 드디어 황하까지 도망하자 제나라는 70여 개의 성을 다시 제나라의 것으로 회복시켰다.

- 《자치통감》 권4

낙의는 연나라 장수로 제나라를 쳐서 이겼다. 그러나 연나라 혜왕은 제나라 간첩이 이간하는 말을 믿고 의심했기 때문에 연나라를 떠났고, 연나라는 제나라에 패배했다. 따라서 연나라가 제나라에게 패한 것은 낙의의 변심이 아니라 연나라 혜왕의 무능 때문이다.

6. 조왕과 염파의 관계

《자치통감》에는 조나라 장군 염파(廉頗)가 진(秦)나라와 전투하는 과정이 나온다.

> 진나라 군사들이 자주 조나라 군사들을 패퇴시키니 염파는 성벽을 굳게 지키면서 밖으로 나오지 않았다. 그러자 조나라 왕은 염파가 실패하고 패망한 일이 많아지자 겁을 먹고 싸우지 않는 것으로 생각하고 화가 나서 자주 그를 나무랐다.
>
> 웅후(應侯) 작위를 가진 진나라 장수 범휴가 또다시 사람을 시켜서 천금의 돈을 가지고 조나라에게 가서 간첩 행위를 하게 하니, 조나라 왕은 드디어 조괄(趙括)이라는 사람을 염파 대신 장수로 삼았다. 진나라 왕은 조괄이 조나라의 장수가 되었다는 소식을 듣고 급히 공격하였고, 군사력이 약한 조괄은 스스로 정예 병사를 거느리고 나와서 육박전을 펼쳤지만, 진나라 사람들이 그를 활로 쏘아 죽였다. 그리하여 조나라

군사들은 크게 패하였고 병졸 40만 명이 모두 항복하였다.

- 《자치통감》 권5

이 기록은 조나라가 패망하는 내용이다. 이것도 군주의 안목과 혜안이 얼마나 중요한지 알 수 있는 사건이다.

7. 유비와 제갈량의 관계

후한 말 군웅할거기에 유비가 조조의 위나라와 손권의 오나라와 함께 천하를 나누어 가진 것은 제갈량의 계책을 따랐기 때문이다.

> 제갈량이 말하였다. "장군께서는 한나라의 후예로 신의(信義)가 사해에 드러나 있습니다. 만약에 형주와 익주 지역에 근거를 두고 그곳에 있는 바위와 여러 요새 지역을 보존하고, 융족과 월족들을 어루만지며 손권과 우호 관계를 맺고 안으로 정치를 잘 닦고, 밖으로 세월이 변해가는 과정을 보면서 일을 처리한다면 패권을 이룩하는 사업을 완성할 수 있으며, 한나라 황실을 부흥시킬 수 있습니다." 이에 유비가 말하였다. "좋은 말씀이오."

- 《자치통감》 권65

유비의 촉한은 조조의 위나라와 손권의 오나라에 비해 상대적으로 약한 처지였다. 그러나 유비는 훌륭한 인재인 제갈량을 등용하여 정족(鼎足)의 상태를 유지하였다. 특히 제갈량을 등용하기 위해 유비는 주군의 신분임에도 세 번씩이나 직접 찾아가는 정성을 보였다. 이러한 노력 덕분에 제갈량은 유비에게 왔고, 그 덕택에 촉한은 약한 국력으로도 삼국시대의 한 축을 담당할 수 있었다.

8. 범증의 권고를 듣지 않은 항우

항우와 유방이 대립할 때 항우가 유방을 잡아서 처치할 수 있는 기회가 홍문(鴻門)에서 있었다. 상황을 파악하고 다급해진 유방은 겨우 100여 명의 기병만을 대동하고 항우에게 인사를 하러 갔다. 이때 유방의 사람됨을 안 범증(范增)이 항우에게 그 자리에서 죽이라고 하였다. 범증은 항우의 유일한 모사였다.

범증이 항우에게 유세하였다. "패공인 유방은 산동 지역에 갔을 때에는 재물을 탐내고, 여인을 좋아하였습니다. 그런데 지금 함곡관에 들어가서는 재물이 있어도 가지려 하지 않고, 부녀자가 있어도 가까이 하지 않으니 그 뜻이 작은 데 있지 않습니다. 내가 지금 사람을 시켜서 그의 기상을 살피게 하였더니, 모두 용과 호랑이의 모습이었고, 다섯 무늬가 있다고 하니 이는 천자의 기운을 뜻합니다. 그러니 급히 그를 쳐서 기회를 잃지 마십시오." 이어 기회가 되자 범증은 여러 번 항우에게 눈짓을 하고, 세 차례나 자기가 차고 있는 옥결(玉玦)을 들어서 표시했다. 그래도 항우가 아무 말 없이 이에 대응하지 않자 범증이 일어나서 나가버렸다.

- 《자치통감》 권9

범증은 유방이 장자 항우에게 큰 적이 될 수 있음을 이미 긴파했다. 그 첫 번째 근거로 범증은 유방이 군소 도적이 아님을 알아챘다. 유방이 돈이나 여자를 좋아하는 작은 도적이라면 크게 근심할 것이 없으나 유방은 진(秦)나라 도읍인 함양에 들어간 다음부터 그 태도가 완전히 달라졌다. 이는 돈이나 여자가 아닌 천하를 차지하겠다는 야심을 드러낸 것이고, 범증은 이 야심을 눈치챘다. 두 번째로 범증은 유방의 기상이 황제의 그것이라고 지적했다. 이는 객관적으로 확인할 수 없지만, 유방이 천자를 꿈꾸고 있다는 것을 경고한 것이다.

그러나 이 두 가지를 말해주어도 항우는 알아듣지 못하고, 유방을 죽일 절호의 기회를 놓쳐버렸다. 그리하여 범증은 항우를 떠났다.

사마광은 이 사례를 통해 항우가 범증의 말을 들었다면 천하는 항우의 깃이 되었을 것이며, 아무리 좋은 기회와 똑똑한 신

하가 있어도 군주가 이를 이용하지 못하면 결국 망하게 된다는
사실을 말하고 있다.

두 마리의 토끼를 노린 신종

이와 관련하여 《자치통감》에는 유방이 천하를 통일한 뒤 여러
신하들을 모아놓고 자기가 항우와의 경쟁에서 이긴 까닭에 대
해 토론한 내용이 실려 있다.

> 황제 유방이 신하들에게 물었다. "내가 천하를 소유하게 된
> 까닭은 무엇이며, 항씨가 천하를 잃는 이유는 무엇인가?" 이
> 에 고기(高起)와 왕릉(王陵)이 대답하였다. "폐하께서는 사람
> 을 시켜서 성을 공격하거나 땅을 경략하고 나서는 그 사람과
> 이익을 함께 했고, 천하 사람들과 이익을 나눠 가졌습니다.
> 그러나 항우는 그렇지 못하여 공로를 세운 사람이 있으면 이
> 를 해치고, 똑똑한 사람이 있으면 그를 의심하였으니, 이것
> 이 그가 천하를 잃은 이유입니다."
> 이에 유방이 말하였다. "공은 하나만 알고 둘은 모르는구려.
> 나는 무릇 장막 안에서 계획을 세우고 천 리 밖에서 승리하
> 게 하는 능력에서 장량만 못하고, 국가를 재물로 가득 채우

고 백성들을 어루만지며 군사들에게 먹을 것을 공급하며 군
량미 나르는 길이 끊이지 않게 하는 능력에서는 소하만 못하
오. 또한 백만 대군을 연결해가며 싸우면 반드시 이기고, 공
격하면 반드시 빼앗는 점에서는 한신만 못하오. 이 세 사람
은 모두 뛰어난 인재지만, 나는 이들을 채용할 수 있었소.
이것이 내가 천하를 소유하게 된 이유요. 그러나 항우는 오
직 한 사람 범증조차 제대로 쓰지 못하였소. 이것이 그가 나
에게 잡히게 된 이유요."

– 《자치통감》 권11

이는 천하가 잘 다스려지는 길은 인재를 기르는 것이라고 하
여 신하의 역할이 무엇보다 중요하다고 강조한 왕안석의 주장
과 상반된 것이다. 반면 사마광은 인재는 얼마든지 있지만 그것
을 선별하는 황제의 역할이 중요하다고 한 것이다.

그리하여 사마광은 황제에게 다음과 같은 권고를 했다.

오늘날 사해는 넓고 관리는 많아서, 그 가운데 똑똑한 사람
과 어리석은 사람이 어깨를 나란히 하고 섞여서 나아가고 있
습니다. 그러하니 원컨대 폐하께서는 총명한 사람을 조금만
관직에 머물게 하시고, 그 사이에 있는 사람을 자세히 선택
하시되 진실로 재수와 덕이 높아서 사람늘의 신망을 받기에

합당한 사람을 올려주십시오.

-《사마문정집》 권5

사마광은 여기서 다시 춘추전국시대의 상황에 대해 설명했
다.

> 춘추시대의 제나라 경공(景公)은 공자를 대우하며, 만약 계
> 씨(季氏)처럼 대우하라고 한다면 할 수 없겠지만 계맹의 중간
> 정도로 대우하라고 하면 그리 하겠다고 했습니다. 또 제나라
> 왕은 중원에 있는 나라 중에서도 그 중심에 서고자 하여 맹
> 자에게 제자를 기를 수 있게 만종(萬鐘)의 녹봉을 주고, 여러
> 대부들과 그 나라 사람들로 하여금 모두 본받게 하였습니다.
> 이 두 군주는 공자나 맹자가 성현이라는 것을 모르지는 않았
> 으나 그 도를 실천할 수 없었고, 헛되이 그들을 높이는 것으
> 로 이름을 얻으려 했습니다.

-《사마문정집》 권13

이 말은 춘추시대에 살았던 제나라 경공이 공자가 훌륭한 사
람이라는 것을 알았고, 또 전국시대에 살았던 제나라 선왕은 맹
자가 훌륭한 사람이었다는 것을 알았지만, 이들은 공자나 맹자
를 채용하지 않았다는 것이다.

사마광은 《춘추좌전정의》에 실린 이야기를 인용하면서 그때에 경공이 공자를 대하는 태도를 마치 '봉황을 초상집에 나타난 개 정도로 취급한 것'이라고 했다. 그러므로 좋은 기회를 다 놓치고, 혼란의 시대는 그치지 않았다.

사마광은 이어 "신하가 된 사람은 군주에게 간언을 하다가 듣지 않으면 떠나버려도 좋고 죽어도 좋지만, 어찌 군주의 귀한 친척이라고 하여 감히 군주 자리를 바꾸는 처지에 있을 수 있겠습니까?"라고 말했다. 이 말은 군주의 지위는 절대적이고 신하의 지위는 상대적이라는 의미이다.

신종은 이러한 사마광과 왕안석의 군신관(君臣觀)을 자기 처지에 유리하게 활용하고자 했다. 신하의 역할을 강조한 왕안석에게 정치를 맡겨 정치가 실패했을 때 그 책임 또한 신하에게 돌아가게 하는 한편, 군주의 절대적인 지위를 주장하는 사마광에게 《자치통감》 저술을 맡겨 군주의 지위를 강력하게 유지할 수 있는 길을 열어놓은 것이다. 신종은 이렇듯 두 세력을 절묘하게 절충하여 사대부들로 인해 자칫 군주권이 유명무실해질 수 있는 상황에서 군주권을 강화해나갔다.

11 제일 좋은 역사책 《자치통감》

불후의 명작 《자치통감》

앞에서 말한 바처럼 《자치통감》은 북송의 정치적 상황 속에서 쓰인 역사책이다. 사마광은 《자치통감》을 통해 군주에게 급진적 개혁의 위험성을 경고하고, 점진적 개선을 진행하도록 설득하려는 의도를 다분히 드러냈다.

그러나 아무리 그러한 의도를 가졌다고 해도 이 책이 그 나름의 독특한 역사학적 매력을 지니지 못했다면 아무도 읽지 않았을 것이고, 아무도 읽지 않았다면 그가 의도한 목적도 이루기 어려웠을 것이다. 그러므로 이 책이 기본적으로 누구에게나 불후의 명저로 평가받을 만큼 잘 저술된 책이라는 사실을 짚고 넘어가야 한다.

19년이라는 긴 세월을 거치면서 저술된 이 책은 종전의 어느 역사책보다 훌륭하게 정리된 책으로 태어날 수가 있었다. 이 책이 불후의 명작으로 평가받는 이유는 여러 가지다.

우선 《자치통감》은 간략하지만 하나도 빠뜨린 것 없이 과거 역사 서적을 정리하여 새로운 역사 저술 방향을 제시하였다. 사마광은 이 책을 쓰게 된 이유에 대해 이렇게 밝혔다.

> 늘 역대의 역사책이 번잡하여 임금이 그 책들을 두루 읽을 수가 없음을 걱정하였다. 그리하여 드디어 《통지》 여덟 권을 지어서 바쳤더니 신종께서 이를 보고 기뻐하였다. 그리고 바로 명령을 내려서 새롭게 역사책을 쓰는 사국(史局)을 비각에 설치하고, 그 책을 계속 편찬하게 하였다. 그리고 신종 황제가 이를 중하게 여겨서 순열(荀悅)이 쓴 《한기(漢紀)》보다 훌륭하다고 하고 이 책의 이름을 《자치통감》이라고 지어주었다.

순열은 후한 헌제 때 사람이다. 헌제는 전적(典籍)을 대단히 좋아했는데, 반고의 《한서》는 100권이나 되는 방대한 분량이고 글이 복잡하여 이를 요약하여 이해하기가 어려웠다. 그리하여 당시 비서감시중이던 순열에게 《춘추좌전》을 모방하여 다시 정리하라고 하여 이루어진 것이 《한기》 30권이다. 이때 순열은 사마천의 《사기》와 반고의 《한서》에서 다룬 내용을 편년체로 묶었는데, 역대의 여러 사가들이 이 책이 대단히 훌륭하게 저작되었다고 평가했다.

《사기》와 《한서》는 기전체 역사책이어서 인물 중심으로 역사를 기록했기 때문에 같은 내용이 여기저기 중복되어 있어 번잡했는데 이것을 편년체로 묶어 중복성을 탈피하게 했으니 이는 역사서를 읽는 사람의 시간을 절약해주는 작업이었다.

그래서 《한기》는 후세에도 훌륭한 책으로 인정되었는데, 신종은 사마광이 편찬한 《자치통감》의 도입 부분에 해당하는 여덟 권만 보고도 이것이 순열이 편찬한 《한기》보다 훌륭하다고 칭찬한 것이다.

또한 사마광이 《자치통감》을 다 쓰고 황제에게 올린 글을 보면, 《사기》와 《한서》 이후로 나온 역사책들이 번거로울 정도로 많아서 하루에 만 가지 일을 처리해야 하는 군주가 이를 읽지 못할까 염려하고 있다.

여기서 사마광은 역사책은 정치를 담당하는 최고 책임자가 반드시 읽어야 하지만 당시 역사책이 너무 많고 제대로 정리가 되어 있지 않다고 생각했음을 알 수 있다. 따라서 많은 역사적 사실을 간략하게 정리하여 쉽게 읽을 수 있게 하고, 그러면서도 역사가 주는 교훈을 하나도 빠뜨리지 않는 책을 만들어 내야 했다.

누락 없는 요약

인간이 과거에 경험한 것을 기록하기 시작한 이유는 과거 경험이 살아가면서 부닥치는 여러 가지 새로운 문제를 풀어가는 데 중요한 참고 자료가 되었기 때문이다. 이렇게 과거를 기록하는 방법이 발달하여 역사책으로 정리되었다. 따라서 과거 경험들을 효과적으로 이해할 수 없다면, 그것은 무용지물이나 다름없다.

그런데 송대에 이르자 황제나 위정자들이 과거의 역사 경험 속에서 올바른 정치법을 배우려고 해도 역사책이 너무 많아져서 거의 읽을 수 없는 분량이 되고 말았다.

사실 《자치통감》이 나오기 전까지 출간된 역사책은 대단히 많다. 군주가 올바른 역사라고 흠정(欽定)한 정사(正史)만 하더라도 열일곱 종이나 됐다. 《사기》·《한서》·《후한서》에서 《구오대사》에 이르기까지 다 합치면 무려 1,651권이나 됐다. 상황이 이러하니 정사만 다 읽기도 시간이 빠듯했던 것이다.

이러한 사정은 사마광이 《자치통감》을 저작하면서 겪은 어려움을 신종에게 보고한 내용에서도 잘 드러난다.

> 신은 이미 다른 중대한 일이 없었으므로 정확하게 연구하고
> 지극하게 고려하면서 제가 갖고 있는 모든 것을 다 쏟아 부

었고, 낮만으로는 힘이 모자라서 이를 밤까지 계속하였습니다. 옛날부터 내려온 역사책을 두루 살피었고, 소설(小說)도 방증으로 채택하였습니다. 읽어야 할 간독(簡牘)도 가득 쌓여 있는 것이 마치 아득한 바다처럼 많았습니다. 그 속에서 그윽하고 숨겨진 내용을 골라내었고 터럭 끝같이 작은 부분이라도 비교하고 교정하였습니다.

　이 정도로 읽어야 할 자료가 많았던 것이다. 이 사실은 《사고전서제요(四庫全書提要)》에 실린 《자치통감》 설명에도 등장한다. 사마광이 '채택하여 사용한 책은 정사 외에도 잡사(雜史)가 322종이나 되었고, 《자치통감》을 쓰고 남은 원고가 낙양에 있는 것만 집 두 채에 가득하였고, 미처 수습하여 묶어놓지 못해서 남은 것이 그만큼 되었다.'라는 것이다. 앞에서 살펴본 것처럼 정사 17종만 합해도 1,651권이나 되었던 점을 감안하면, 《자치통감》을 쓰기 위해 사마광이 읽어야했던 자료가 얼마나 방대했는지 가히 짐작할 수가 있다. 당시 정사 외에 읽어야 했던 책을 대략 정사의 10배 정도로만 잡아도 17만여 권이 되는 셈이니, 황제가 이 자료를 다 읽고서 정치에 참고한다는 것은 불가능한 일이었을 것이다.

　물론 이 자료들이 전부 읽을 만한 가치가 있는 책들은 아니었을 것이다. 그러나 이 자료 가운데 어느 것이 유용한 것이고,

어느 것이 유용하지 않은 것인지는 다 읽고 난 다음에야 판단할 수 있는 것이다. 이러한 상태를 왕안석도 단란조보(斷亂朝報)라고 표현했다. 즉, '중간에 끊어지고 간혹 가다가 썩어버린 조보(朝報)'라는 것이다. 조보란 춘추시대에 각 제후국에서 일어난 일을 다른 제후국에게 통보한 문서로, 이를 제대로 관리하지 않아서 중간에 없어진 것이 많았다. 그래서 조보가 아무리 많이 쌓여 있어도 실제로는 무용지물이라는 뜻으로 사용한 말이었다.

그러므로 당시로서는 유용하게 사용할 수 있도록 역사 기록들을 정리하는 작업이 무엇보다도 시급하고 중요했다.

공자의 《6경》 산술에 버금가는 사마광의 《자치통감》

사마광이 한 일은 춘추시대 때 공자가 한 일과 흡사하다. 공자가 이른바 '6경(六經)'을 산술(刪述)한 것이 바로 사료를 일목요연하게 정리한 것이다. 공자는 《6경》을 지은 것이 아니고 서술한 것이라는 의미로 '술이부작(述而不作)'이라고 하였다.

중국에서 문자가 처음 나타난 것은 은나라 시대였고, 이때 사건을 기록한 갑골문이 발견된 것으로 보아 당시에 이미 기록을 하고 있었음을 알 수 있다. 그러므로 이 시대부터 공자가 살던 시대까지 대략 1,000년 이상의 세월 동안 중국 사람들이 남겨놓은 기록은 아마도 대단히 많았을 것이다. 그리하여 춘추시대에 이르자, 이미 이 기록들을 다 읽는 것이 불가능해지는 상황이 벌어졌다.

그리하여 공자는 과거 문헌을 근거로 사료들을 새롭게 정리하였던 것인데, 이것이 바로 《시경》·《서경》·《예기(禮記)》·《악기(樂記)》·《역경(易經)》·《춘추》의 여섯 개의 경(經)을 모아 합하여 《6경》이라고 부른다. 공자의 말에 따르면 시(詩) 3,000수를 가지고 300수로 정리했다고 하는데, 이는 당시까지 3,000수가 남아 있었다는 뜻이다. 공자는 이 가운데 중복되거나 큰 유용성이 없는 것을 산삭(刪削)하고, 꼭 읽어야 할 것만 골라 남겨놓았다. 이것이 《시경》이다. 이 작업은 과거로부터 전해 내려온 기록의 양을 10분의 1로 줄여서 간편하게 하고, 그러면서도 유용성을 잃지 않게 한 것이다. 여기에 공자의 위대성이 있다.

공자의 춘추시대처럼 송대에도 역사 서적과 자료를 정리하지 않으면 안 될 시점에 이르렀고, 사마광이 이 일을 수행하였다. 그리하여 신종은 《자치통감》의 저작이 가진 의의에 대해 이렇게 밝혔다.

진정한 역사학이 없어진 지 이미 오래다. 그리하여 기원과 순서를 정하는 데 법도가 없고, 사건을 가지고 논의한 내용

도 분명하지가 않으니, 어찌 이러한 역사학을 가지고 징계하
거나 권고하여 오래가도록 보여줄 수 있겠는가? 그런데 경
(卿)은 널리 배우고 들은 것이 많아 옛날부터 오늘날까지 꿰
뚫어 알고 있으니, 위로는 주나라 시대부터 아래로는 5대시
대에 이르기까지 잇고 짜 넣는 재주를 발휘하여 하나의 학파
를 이룰 정도의 책을 완성하였다. 상을 주거나 깎아 내리고,
빼거나 집어넣는 것에서도 모두 근거를 가지고 하였다. 이를
살펴보고 돌려보내며 그것의 어려웠음을 가상하게 여기며
아주 깊이 생각하노라.

이러한 신종의 평가는 공자가 《6경》을 산술한 상황과 흡사하
게 보인다.

생동감 있는 문장, 편년체 기술 방식

《자치통감》이 명작으로 평가받는 두 번째 이유는 이 책이 시간
의 흐름에 따라서 역사 속 인물과 사건을 마치 하나의 역사 소
설처럼 기술했다는 점이다. 사마광의 생동감 있는 문장은 이 책
을 읽는 재미를 높여준다.
앞에서 말했다시피 《자치통감》이 나오기 전까지 역사 서술

방법은 인물 중심으로 역사를 기록하는 기전체 방식이 주를 이루었고, 이러한 체례(體例)가 시작된 것은 한나라 무제 시대의 사마천 때부터이다. 사마천이 나오기 전까지는 춘추시대의 공자가 저술한 《춘추》가 대표적인 역사서였다. 《춘추》는 노나라에 보관되어 있던 역사책 《춘추》를 토대로 하여 당시 중국에 있었던 여러 나라의 역사를 종합하여 242년간의 중국 역사를 정리한 것이다.

《춘추》의 특징은 시간 순서에 따라서 사건과 인물의 활동을 기록하는 편년체 방식을 채택하여, 특정한 역사적 사건이나 인물의 행동을 훌륭했다거나 잘못했다는 식으로 직접 포폄(褒貶) 했다는 데에 있다. 역사 서술이 단순한 기술을 뛰어넘어, 역사적 사건을 평가하는 역할까지 맡게 된 것이다. 이러한 서술 방법은 읽는 사람에게 평가까지 제공하기 때문에 저작자의 도덕성과 공정성이 역사 서술의 필수적 요소가 되었다. 다시 말해 저작자가 역사 서술을 통해 자신의 철학과 사상을 드러내게 된 것이다.

이러한 서술 방법은 해당 저작자 또는 편찬자가 높은 도덕성과 판단력을 갖추었다고 누구나 인정할 때에야 비로소 설득력을 얻는다. 이러한 점에서 공자가 편찬한 《춘추》는 많은 사람들의 공인을 얻고, 이후 역사 편찬의 기본 틀로 받아들여졌다. 많은 후대인들이 공자의 《춘추》의 명칭을 본받아서 역사를 저술

하였다. 《여씨춘추》나 《안자춘추》, 후대에 《오월춘추》 같은 책
은 《춘추》라는 책 이름을 그대로 사용하기까지 했다.

그러나 이 같은 서술법의 문제점은 저작자와 다른 사상을 가
진 독자들은 그 내용을 수긍할 수 없다는 데에 있다. 그러다보
니 이렇게 주관적 판단이 들어가 있는 역사책이 아니라, 객관적
인 기록만 전달하고 역사 사건에 대한 판단이나 평가는 독자에
게 맡기는 책이 나와야한다는 생각이 팽배해졌다. 이러한 사상
적 변화 속에서 《사기》가 나왔다.

사마천은 과거 사건을 될 수 있으면 자세하게 기록하려는 태

여불위의 《여씨춘추》

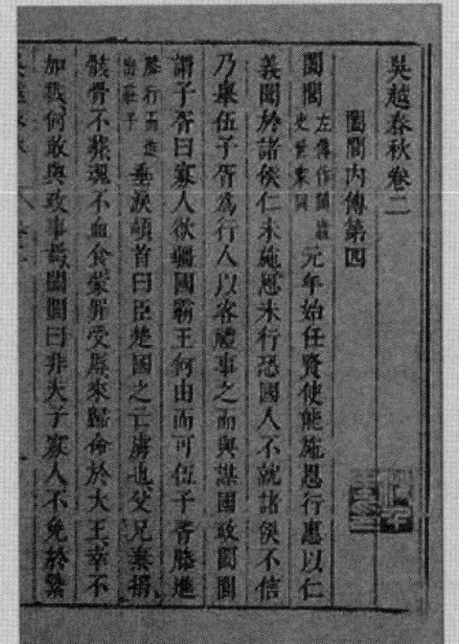

후한 조엽의 《오월춘추》

도로 역사를 정리하였다. 《사기》가 나온 뒤로 그동안 역사책으로 분류되던 《춘추》는 역사책으로 분류되지 않고, 철학이나 경서로 분류되었다. 그러므로 사마천의 《사기》가 역사 서술의 새 전환점을 마련했다고 해도 과언이 아니다.

《사기》의 등장으로 이제 역사는 기전체로 기록하는 것이 올바른 방법이라는 인식이 널리 퍼졌다. 그리하여 한 왕조가 끝날 적마다 그 왕조의 역사 전체를 기전체로 정리하는 관행이 생겼다. 개인이 저작한 것은 황제의 흠정을 거쳐서 정사(正史)로 지정되었고, 당나라 시대에는 관청에서 전 왕조의 역사 편찬을 담당하기도 했다. 그런데 그 뒤 1,000여 년의 세월이 흘러 송대에 이르자 이제는 아무리 올바른 역사라고 해도 책들이 너무 많아서 이를 다 읽는 것이 불가능해졌다. 다시 새로운 역사 체례가 나타나야 했다.

공자가 춘추시대까지 전해 내려온 많은 기록을 정리한 것처럼, 사마광은 송대까지 남아 있던 많은 역사책과 기록들을 간편하게 정리하였다. 그 결과 이제는 책을 직접 읽고 역사 속에서 교훈을 찾는다는 목표를 달성할 수 있게 되었다. 이러한 점에서 《자치통감》은 공자의 《춘추》, 사마천의 《사기》처럼 역사 기술상의 중요한 계기를 마련한 책이라 할 수 있다.

사실 사마천의 《사기》는 인물 중심의 기전체 방식으로 역사를 서술했기 때문에 같은 사건이 여러 곳에서 중복되어 나타나는 문제점이 있었다. 예컨대 황제와 중신 몇 명이 어떤 문제를 가지고 논의했다면, 황제에 관한 기록인 제기(帝記)에는 물론이고 그때 참석한 신하들의 열전에도 그 일의 내용이 기록되었던 것이다.

사마광의 《자치통감》은 이러한 기술상의 문제를 해결했다. 편년체 역사서는 시간에 따라서 사건과 인물을 서술하기 때문에 사건을 중복하여 기록할 필요가 없고, 그래서 그만큼 책의 분량과 읽는 사람의 시간이 줄어들었다. 순열의 《한기》도 《한서》 100권을 30권으로 줄인 것이다. 또 편년체 역사책은 시간 흐름에 따라 인물과 사건이 일어나고 스러지는 모습을 기술하기 때문에, 인간과 사건의 변화를 총체적으로 이해할 수 있다는 장점이 있다.

편년체 역사서가 갖는 장점 말고, 사마광이 구사한 문장의 매력도 당시의 시대적 흐름에서 그 연원을 찾을 수 있다. 사마광이 《자치통감》을 편찬한 북송시대는 이른바 '고문부흥운동'이 일어나 당송8대가라는 명문장가들이 일세를 풍미하던 시기이다.

고문부흥운동이란 '문이재도(文以載道)'라는 한마디로 표현할 수 있는데, 모름지기 문장이란 도(道)를 갖고 있어야 한다는 것이다. 사마광 역시 이 원칙에 따라 문장에서 군더더기 같은 수식을 배격하였다. 비록 사마광은 이러한 당송8대가에 속하지는

아니 하였으나, 그가 군더더기 없는 생동감 있는 문장을 쓴 것
만은 분명하다.

살아 있는 교훈을 담은 책

마지막으로 《자치통감》은 영원한 '정치 교과서'로 불릴 정도로
많은 이에게 교훈을 전해주는 책이다. 이 교훈은 죽어 있는 것
이 아니라, 현실 문제를 해결할 수 있는 행동과 사고의 방향을
제시해준다. 그래서 예나 지금이나 지식인들이 반드시 읽어야
할 역사 저작물로 손꼽히는 것이다.

신종이 직접 내려준 이름 '자치통감'은 '정치에 자료가 될 만
한 통시대적인 거울'이라는 뜻이다. 이것은 이 책의 성격을 잘
말해준다. 청나라 말기의 양계초가 《자치통감》을 '정치 교과
서'라고 부른 이유도 여기에 있다. 정치란 올바르게 잘 다스려
지는 세상을 만드는 데 그 목적이 있다. 사람의 본성이 예나 지
금이나 큰 차이가 없음을 전제할 때, 과거 사람들의 성공과 좌
절을 기록해놓은 《자치통감》은 지금의 정치에도 충분히 참고
할 가치가 있는 것이다.

명나라 말기의 학자 왕부지(王夫之)는 '자치통감'이라는 제목
에 대해 이러한 감탄을 보냈다.

이 책 이름을 지은 뜻이 깊도다! 사마씨가 이 책에 붙인 이름이여! 자치라고 하는 것은 과거에 잘 다스려졌느냐 혼란스러웠느냐 하는 것을 아는 것뿐만 아니다. 힘써 잘 다스려지는 세상을 만들기 위해 노력하는 사람에게 자료를 제공하기 위함이다. 그리고 옛날 백성들의 심정을 알아내고 짐작해보는 것으로, 오늘날 이로운 일을 일으키고 해로운 일을 없애는 방법이 이 속에 있다.

이러한 《자치통감》 속에서 사마광은 올바른 정치 원칙과 정통성, 국제 관계의 원칙을 밝히려고 했다.

12 《자치통감》을 이어받은 저작들

《자치통감》의 줄기찬 생명력

《자치통감》은 북송시대에 정치적 변화가 일어나던 시기에 쓰였고, 이 변화의 일단을 보여주는 책이다. 사마광이 이 책을 지을 당시, 북송의 정치 중심은 점진적 개선을 주장하는 보수적 서북 지역에서 급진적 개혁을 주장하는 동남 지역으로 옮겨가고 있었다.

따라서 서북 지역 인사들을 대표하는 사마광의 주장이 이 책 속에 담기지 않을 수 없었다. 그러나 이러한 정치적 배경에도 불구하고 책의 전체적 내용이나 편집 방향은 특정 세대나 계파에 상관없는 보편적인 성격을 띠었다. 그리하여 잠시 동안 신법당에서 이 책의 원판을 부숴버리자고 한 적은 있지만, 그 후 역사학의 명저로 우뚝 선 것이다.

《자치통감》이 후세에 길이 남는 명저로 탄생하게 된 배경에는 인쇄술의 발달이라는 측면도 빼놓을 수 없다. 송 왕조가 여진족에게 쫓기어 강남으로 내려왔을 즈음에는 인쇄술이 상당히 발달하여 《자치통감》이 인쇄되어 전국에 두루 보급될 수 있는 토대가 마련되었다.

또 당시 사대부들은 경학과 역사학 그리고 문학을 필수적으로 수학해야 했는데, 역사학 분야에서는 고금의 역사를 잘 정리한 《자치통감》만한 것이 없었다. 게다가 이 책은 사대부들이 좋아하는 덕치(德治)를 이상으로 하는 철학을 간결한 문체로 전해 주었기 때문에 지식인들 사이에서 대단한 인기를 얻었다.

《고금도서집성(古今圖書集成)》을 보면, 남송 초에 해당하는 건염(建炎) 2년(1128)에 황제가 《자치통감》 4책을 황잠선(黃潛善, 1078~1130)에게 하사했다는 기록이 있다. 이 시기는 북송의 휘종과 흠종이 금나라에 포로로 잡혀간 뒤 남쪽에서 송 왕조를 재건한 지 겨우 2년째 되던 때이다. 이렇게 대단히 불안정한 시기인데도 황제가 《자치통감》을 하사했다는 것은 이때 이미 《자치통감》이 사대부들의 필독서 대열에 올라 있었음을 의미한다.

이렇게 되자 《자치통감》과 관련한 책들도 편찬되기 시작했다. 사마광을 도와서 《자치통감》을 편찬한 유서는 《자치통감외기(資治通鑑外記)》라는 책을 써서 《자치통감》에서 다루지 않은 상고사 부분을 보강했고, 이어 《통감의문(通鑑疑問)》이라는 책을 써서 《자치통감》을 읽으면서 문제가 될 수 있는 부분을 정리하였다. 또 사마광의 아들인 사마강(司馬康, 1050~1090)은 《통감석문(通鑑釋文)》을, 북송 말기의 강지(江贄)는 《자치통감》 294권을 50권으로 줄인 《통감절요(通鑑節要)》를 편찬했다. 남송시대에 이르러서는 사마광보다 약 100년 뒤에 살았던 이도(李燾, 1115~1184)가 《속자치통감장편(續資治通鑑長編)》을 써서 《자치통감》에서 다루지 않는 북송의 역사를 같은 체례로 기술했다. 비록 사마광은 정치적

남송시대 《자치통감》 관련 저작

편찬자명	서명(권수)	편찬자명	서명(권수)
원추	통감기사본말(42)	여조겸	통감해제통석
최돈시	통감요람(60)	주염	통감논단
심추	통감총류(20)	매시예	통감신의
장식	통감논독(4)	김이상	통감전편
조선예	여지통감(63)	이동양	역대통감찬요(92)
왕응린	통감지리통석(14)	회조	통감보유(100)
여조겸	통감통석(1)	호안국	통감거요보유(120)
보광	통감집의	홍매절	자치통감(150)
학경	통감서법(1)	범조우	당감(12)
하담	통감수초	왕응린	통감지리고(100)
송상형	속통감요략	여조겸	통감해제(12)
유한경	통감총정(120)	과당좌	제가통감절요(120)
왕응린	통감답문(4)	방징손	통감표미
장공명	대송강목(167)	진개	통감수필
석개	당감(5)	미상	통감요략
진량	통감강목(23)	엽여주	통감필의
육씨	통감상절		

경쟁에서는 왕안석에게 졌다. 하지만 왕안석의 신법은 그 생명력이 일시적이었다. 그러나 사마광이 남긴 저작은 이처럼 후대에도 계속 생명력을 갖게 된 것이다. 긴 역사를 보면 사마광이 일시적인 승리자를 뛰어 넘은 영원한 승리자가 된 셈이다.

그 후로도 《자치통감》과 관련한 저작은 끊임없이 나왔다. 소식 형제의 스승이던 사청경(史清卿)의 아들 사소(史炤, 약 1090~?)는 《자치통감석문(資治通鑑釋文)》을 지었다. 남송시대에 와서 주희와 쌍벽을 이룬 여조겸(呂祖謙, 1137~1181)도 《송통감절(宋通鑑節)》이라는 《통감》 체례를 따른 송대 역사를 썼고, 그 집안에서 두고두고 읽은 《여씨가숙통감절요(呂氏家塾通鑑節要)》라는 책도 정리했다. 송대의 신유학을 집대성하여 주자학을 완성한 주희(朱熹, 1130~1200)도 《자치통감》을 줄여서 큰 줄기를 잡고, 세부 항목을 정리한 《통감강목(通鑑綱目)》 59권과 《통감제요(通鑑提要)》를 편찬하였다. 이 외에도 남송시대에 《자치통감》과 관련되었거나 《자치통감》의 영향을 받은 책이 다수 편찬되었다.

《통감》이 남송과 금나라에 끼친 영향

이렇게 많은 책들을 남송시대 사대부들이 저작했다. 그 내용은 대체로 《자치통감》을 간추리거나 《자치통감》에서 다루지 않은 앞뒤 시대를 서술하고, 또는 《자치통감》을 읽는 데 필요한 지리 등 참고 자료를 정리하거나, 《자치통감》 내용을 사건별로 정리한 것이다. 이 모든 것이 남송시대에 이미 사대부의 필독서로 자리잡은 《자치통감》을 더 잘 읽으려는 욕구에서 나온 참고서들이다.

이러한 사정은 당시 남송과 대치하며 남송 사람들에게 '이적(夷狄)'으로 불리던 금 왕조에서도 마찬가지였다. 《금사(金史)》를 보면 금 세종 20년(1180)에 세종이 재상에게 이렇게 말했다.

> 근자에 《자치통감》을 열람하였는데, 여러 왕조 시대의 폐단과 흥기한 것을 묶어놓아 거울과 같은 경계를 갖고 있었다. 사마광이 마음을 쓴 것이 이와 같으므로 옛날의 훌륭한 역사가라고 해도 이보다 더함은 없을 것이다.

그 후 금나라 위소왕(衛紹王)이 대안(大安) 20년(1210)에 《자치통감》 속편을 편찬하고자 했다. 그리하여 유신들에게 조서를 내려서 《속자치통감》을 편찬하라고 했다는 기록이 《금사》에 실려 있다. 《금사》에는 금나라 애종(哀宗) 정대(正大) 3년(1216)에도 내정(內廷)에 익정원(益政院)을 설치하고 여기에서 《자치통감》을 강의하도록 했다고 하는 기록도 나온다.

정대 3년에 익정원을 내정에 설치하여 학문이 해박하고 깊
은 몇 사람으로 하여금 이 일을 겸직하게 하고, 매일 두 사람
이 일직을 하면서 황상의 질문에 대비하도록 하였다. 그리고
《상서》와 《자치통감》, 《정관정요》를 강론하게 했는데 이를 경
연이라고 이름 붙였지만 실제로는 내상(內相)이었다.

여기서 말하는 《상서》는 5경 가운데 하나이고, 《정관정요》는
당 태종 시대에 황제와 군신 간에 있었던 정치 관련 이야기를
모아놓은 것이다. 당 태종 때는 중국 역사에서 가장 모범으로
삼는 시대로 당시 《정관정요》는 황제들에게 교과서 같은 책이
었다. 그런데 《자치통감》을 이와 같은 대열로 본 것이다.

이렇듯 《자치통감》은 비록 중국 역사를 다룬 책이기는 해도,
민족적 혹은 지역적 구별 없이 모두가 역사적 교훈서로서 중요
한 지위를 인정한 것이다.

남송시대의 국제 상황

특히 송대에 완성된 이념인 주자학과 《자치통감》의 만남은 주
자학을 이념으로 받아들인 시기와 지역에서는 이 책의 권위를
더하는 데 결정적으로 기여했다. 북송시대에 싹트기 시작한 새

로운 유학, 즉 유교 경전을 문자 해석하는 데 그친 훈고학을 뛰어넘어 유교 경전을 통해 유교 철학을 정립한 새로운 유학은 남송시대에 이르러 주희에 의해 집대성 되었다.

그리하여 유교는 새로이 우주론과 인성론, 윤리론과 수양론으로 정리된 유교 철학을 갖게 되었다. 이후 이 새로운 유학을 집대성한 주희의 사상은 중국뿐만 아니라 동아시아의 중요한 가치 체계로 자리잡았다.

주희는 사마광의 《자치통감》을 가장 잘 정리된 역사서로 보았다. 그러나 주희가 보기에 객관적으로 역사를 서술한 《자치통감》은 주자학적 정의를 분명히 드러내는 데 미흡한 점이 있었다. 여기서 주자학적 정의란 혈통론에 따라 정통성을 세우고, 명분론을 강화하는 것이다. 주희가 정통성에 주목한 까닭은 당시의 국제 관계와 밀접한 연관이 있다.

우선 주희가 살던 시기는 사마광이 살았던 북송시대와 달랐다. 송나라 사람들이 오랑캐라고 무시하던 북방 여진족의 금이 거란의 요를 대신하고 회하까지 내려왔다. 중원 지역이 이적들이라고 야만시하던 사람들의 손에 넘어간 상태였던 것이다. 사마광이 살던 시대에도 요와 서하가 대립하고 있었지만, 이처럼 위기감까지 들지는 않았다. 그래서 '정통'에 대한 견해에서도 주희와 사마광의 생각은 다를 수밖에 없었다.

원래 사마광은 정통론 문제에서 어느 왕조에 정통성이 있다

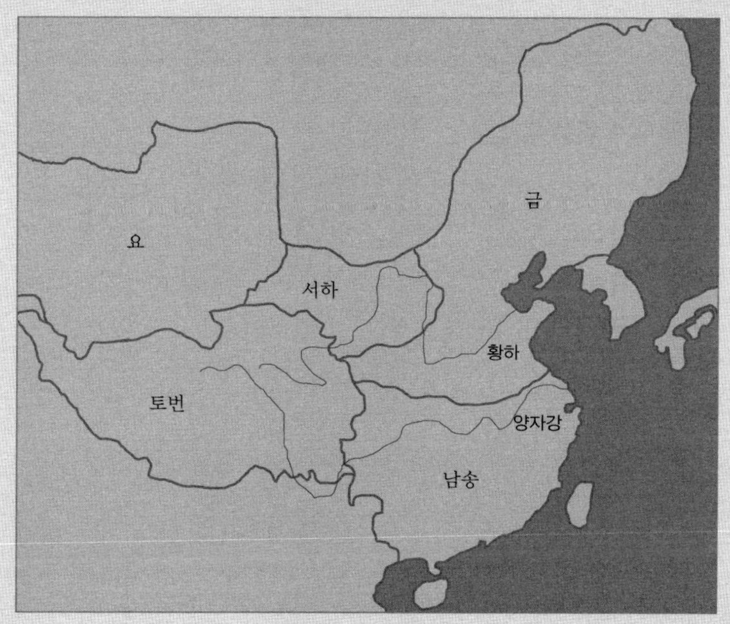

남송시대 중국 지형도

고 할 때 오직 하나의 근거만을 내세우기는 어렵다는 견해를 밝힌 바 있다. 즉 정통 왕조를 가릴 때에는 병존하는 여러 왕조 가운데 누가 현실적으로 대세를 이루고 있는지, 또 전 왕조와 후대 왕조를 건국한 제왕 사이의 혈통 관계는 어떠한지, 그리고 중국 전체를 놓고 볼 때 실제로 통치권을 행사하는 영역의 범위를 두루 고려해야 한다는 것이다.

이러한 사마광의 정통론에 의거해 남송 왕조를 본다면, 남송은 혈통상으로 북송을 이었다는 것 외에 정통성을 주장할 만한 다른 근거가 미흡하다. 남송은 전통적으로 송 왕조가 지배한 중원 지역을 빼앗기고 남하했으며, 국제무대에서는 사실상 금 왕조가 주도권을 쥐고 있었기 때문이다.

그러나 주희가 보기에 자신이 살고 있는 남송에 정통성이 부족하다는 주장은 도저히 받아들일 수 없는 것이었다. 주희에게 금나라는 '불공대천(不共戴天)의 원수'였고, 어느 한 나라가 망할 때까지 싸워야 할 나라였다. 그런데 《자치통감》은 이러한 민족이나 혈통 문제를 심각하게 고려하지 않고, 다만 객관적인 실세에 중점을 두어 서술하였으므로 주희가 여기에 만족하지 않은 것은 당연한 일이다.

남송이 정통 왕조이다

주희는 무엇보다 혈통을 기준으로 역대 왕조의 정통성을 따져
야 한다고 생각했다. 그런데 《자치통감》에서는 위·촉한·오의
세 나라가 각축을 벌인 삼국시대를 기록하며 실제적으로 이 시
대를 이끈 위나라 연호를 기준 연도로 사용했다.

이에 비해 주희는 비록 세 나라 가운데 세력은 가장 약해도
한나라 유방의 혈통을 이어받은 유비가 세운 촉한이 기준이 되
어야 한다고 생각했다. 그래서 이러한 원칙에 따라 제자에게
《자치통감》을 다시 편찬하라고 했고, 그의 제자 조사연(趙師淵,

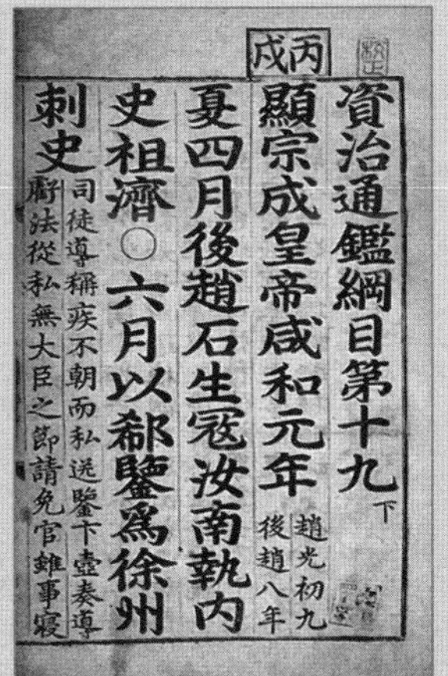

주희의 《자치통감강목》

1150~1210)은 주희와 더불어 《자치통감강목(資治通鑑綱目)》을 편찬했다.

이 과정에서 주희는 서문과 제요를 썼고, 《강목》과 《분주(分注)》 59권은 조사연이 편집했다. 그 후 이 책에 조사연의 이름을 달지 않고 유전되는 바람에 《자치통감강목》이 주희 혼자 편찬한 것으로 오해하고 있다. 그러나 이 책은 조사연이 스승 주희가 준 범례에 따라 정통 왕조 여부를 쉽게 알아볼 수 있도록 《자치통감》을 다시 편집한 것이다.

이에 따르면 중원을 금나라에 빼앗기고 남쪽으로 내려온 남송이야말로 북송 왕조의 정통성을 이어받은 왕조였다. 이 책이 59권으로 된 《자치통감강목》이다.

그러나 《자치통감강목》은 정통 왕조를 쉽게 판별할 수 있도록 원본의 편집을 달리했을 뿐 새로이 추가한 내용은 없다. 즉 이 책은 정통성이 있는 왕조는 큰 글씨로 기년하고, 그렇지 않은 왕조는 한 줄을 둘로 나누어 기록하는 방식을 사용하였다.

그 후 주자학은 점차 남송시대의 학술 사상계에 큰 영향을 끼치게 되었고, 주자학 문도들도 점점 많아져서 《자치통감강목》은 《자치통감》과 함께 반드시 읽어야 할 책이 되었다. 그 결과 주자학이 널리 전파되자 《자치통감강목》에 대한 저작물도 많이 등장했다.

주희가 정주학(程朱學)을 집대성한 후로 주자학자들은 주희를 대단히 존숭하게 되어, 자연 주희의 저작물에 대한 관심도 높아졌다. 따라서 《자치통감강목》에 대한 관심도 커졌는데, 여기서 남송 황제들이 《자치통감강목》에 대해 관심을 보인 대목을 살펴보자.

1. 남송 희종 가정 16년(1223)에 황제와 중신들이 참여하는 경연이 벌어졌다. 경연은 황제와 중신들이 모여 중요한 책을 읽고 정치적인 교훈이나 방향을 토론하는 것을 말한다. 이때 강론을 담당한 진독관(進讀官)이 주희의 《자치통감강목》을 황제에게 강의하여 올렸다. 아울러 아홉 왕조에서 저명한 신하들이 경연 시간에 올렸던 주의(奏議)와 중흥(中興) 연간에 여러 신하들이 황제에게 올린 주의를 함께 읽어드렸다. 이는 《자치통감강목》이 이미 황제와 중신을 교육하는 교재로 쓰였다는 증거이다.

2. 이종 단평 2년(1235) 3월에 태학생이 진균(陳均, 남송시대 학자)에게 《송장편강목(宋長編綱目)》을 편찬하라고 조서를 내렸으며, 진사인 진문울(陳文蔚, 1200년경)은 《상서해(尚書解)》를 저작했기 때문에 적공랑(迪功郎)으로 임명하였다. 여기서 《송장편강목》에 관한 기사와 《상서해》를 병열로 기록한 것으로 보아서 두 책의 비중이 비슷했음을 알 수 있다.

태학생이란 당시 중앙정부가 세운 죄고 교육기관에서 수학하는 학생을 말하는데, 여기서 태학생에게 편찬하도록 한 《송장편강목》이란 송대의 역사를 《자치통감강목》의 방법으로 편찬한 것이다. 《자치통감강목》도 《자치통감》처럼 5대까지만 기술하고 그 뒤를 이은 송대의 역사는 다루지 못했으므로, 송대의 역사를 《자치통감강목》의 방법으로 편찬하라고 한 것이다. 이것은 《자치통감》이나 《자치통감강목》의 역사 서술법에 공감하고, 그 필요성을 절감한 당시의 분위기를 말해주는 것이다. 가히 '통감학(通鑑學)'이라 할만 했다.

3. 이종 가희 원년(1237) 2월에 황제가 주희의 《자치통감강목》을 국자감에 내려 보냈으며, 아울러 이 책을 가지고 경연에 나아가게 하였다.

4. 도종 함순 10년(1274)에 경연관이 《대학연의》와 《자치통감강목》의 종편(終篇)을 올려서 강론하니 황제가 홀대(笏帶, 허리띠)와 말안장, 그리고 향과 차를 하사하였으며 비서성에도 어연(御硯)을 하사하였다. 문맥으로 보아서 아마도 경연에서 《자치통감강목》 전권을 강론하는 작업을 이때 끝마쳐 이른바 책거리를 한 것 같다.

이 기록들로 보아서 남송시대에도 《자치통감》에 대한 관심이

여전했고, 《자치통감》을 저본(底本)으로 편찬된 《자치통감강목》
도 주자학의 영향력 덕분에 주목받았음을 알 수 있다.

주자학적 혈통주의

이미 언급했다시피 남송시대로 접어들며 주희, 곧 주자(朱子)의
학문을 신봉하는 주자학도가 많이 늘어나고 있었다. 남송시대
사람들은 북쪽의 금 왕조에게 회하 지역까지 내주어야 하는 절
박한 시기를 산 사람들이다. 이때 주자는 대동사상(大同思想)을
주장하기보다는 화이준별(華夷峻別)의 기치를 내걸고, 이른바 주
자학적 혈통주의를 실천할 것을 주장했다.

　대동사상이란 사해동포(四海同胞), 즉 천하의 모든 사람들이
동포와 같으니, 종족적 구별보다는 중화 문화의 훈도에 힘써 중
화사상을 국제적으로 전파하자는 것이다. 이 대동사상에 의한
다면 남송시대에 병존한 거란족의 금나라도 사해동포에 포함될
수 있었다. 그러나 현실적으로 금나라에게 중원을 내준 남송 사
람들이 금을 이웃이나 사해동포로 받아들이기란 어려웠다. 그
보다는 주자가 주장한 화이준별 논리가 더 현실감 있는 것이었
다. 화이준별이란 중화민족과 오랑캐인 이족은 화합할 수 없는
집단이므로 엄격하게 구별하고 자별해야 한다는 이론이다.

주희는 이족이 '불공대천의 원수'라며 종족적 차별성을 강조했고, 이것은 그 후 주자학에서 보이는 정통론·위정척사·도통론의 문제에도 영향을 주어 주자학 세계에서 나와 남을 구별하는 근거가 되었다.

여하간 주자가 살았던 시대와 주자가 주장한 강렬한 주자학적 혈통주의는 중국인들의 애국심을 불러일으켰고, 이것은 중국의 이념으로 점차 정착되어갔다. 그리고 주자학은 급기야 철학의 울타리를 넘어서서 신념 또는 종교 이념으로까지 발전했다. 주자학이 하나의 이념으로 정착하자, 주자학도들은 주희가 말하고 저술한 모든 것을 마치 경전처럼 생각하기에 이르렀고, 주희를 성인처럼 받들기 시작했다.

남송시대에 주자학을 신봉한 사람들 가운데는 주자를 그냥 주자라고 부르기 송구하다며 자주자(子朱子)라고 부르기까지 했다. 자(子)는 중국에서 원래 존경의 의미로 쓰이는 존칭어이다. 예컨대 공자·맹자·순자·한비자(韓非子) 등의 예에서 볼 수 있듯이, 성(姓)과 이름[名]이 따로 있지만 이름을 부르는 것이 불경하다며 성과 자(子)를 합해 부른 것이다. 여기서 더 나아가 극존칭을 할 때에는 성을 아예 빼고 자만 부르기도 했다. 《논어》에 '자왈(子曰)'이라고 나오는 공자의 사례가 그러하다.

그런데 주자의 제자들은 새로운 유학의 체계를 세우고, 이를 철학으로 집대성한 주자의 학문적 업적이 결코 춘추시대에 《6

경》을 산술한 공자의 업적에 못지않다고 생각했다. 그리하여 성을 뺀 존칭인 '자왈'을 사용하고 싶지만 이미 공자의 책에 사용되었으므로 주희에게는 사용할 수 없고, 그렇다고 선진 시대의 맹자나 순자처럼 '주자'로 부르는 것은 존경이 부족한 것 같이 생각되자, '자주자'라는 신조어를 고안해 냈다.

주자에 대한 제자들의 존경이 이 정도였기 때문에 주자가 찬술한 저서 또한 대단히 존경을 받았다. 이미 경서 목록은 정해져 있어 비록 주자의 저작물을 경서로 삼을 수는 없었지만, 《자치통감강목》이야말로 경서와 맞먹는 책이라고 이해한 것 같다.

참고로 원래 경서란 경위(經緯)라는 말에서 출발한 것이다. 경(經)을 날줄, 즉 기준선이라고 한다면, 위(緯)는 씨줄에 해당하여 변화하는 것이다. 그러므로 경서란 변하지 않는 진리를 내포하고 있는 책이며, 위서(緯書)란 인간과 사물의 변화를 알아보는 책, 예컨대 참위서(讖緯書) 같은 것을 말한다.

주자 제자들의 과도한 존승

그렇다면 후대 주자학자들은 《자치통감강목》을 어떻게 논평했을까? 《자치통감강목발명(資治通鑑綱目發明)》을 쓴 남송시대 말의 윤기신(尹起莘)은 그 서문에서 이렇게 밝혔나.

《자치통감강목》을 지으니, 이 책은 세상 사람들을 가르치는
데 도움이 되었고, 그 속에는 공자가 《춘추》를 쓴 깊은 뜻이
담겨 있다. 그리하여 이 책은 사람들의 욕심이 흘러가버리는
것을 막고, 없어져버린 천리(天理)를 보존하였으니, 이 어찌
잘 연구하여 크게 선양하지 않겠는가?

앞에서도 이미 누누이 설명했지만, 사마광은 왕안석이 맹자
를 존중한 것에 맞서 여러 가지 측면에서 공자의 뒤를 잇겠다고
한 사람이다.

철학 논리에서도 그렇지만, 《자치통감》이 《춘추》에서 서술하
지 않은 전국시대부터 서술하고 있는 점과 《춘추》처럼 편년체
로 역사를 정리했다는 점을 보아도 《자치통감》은 공자의 《춘추》
정신을 이어받고 있는 것이다. 그렇다면 《자치통감》을 저본으
로 하여 역사적 사건을 강(綱)과 목(目)으로 구분하는 편집 방법
을 사용하고, 294권을 59권으로 축소한 《자치통감강목》에도 공
자의 《춘추》 정신이 살아 있다고 볼 수 있다.

다만 주자의 제자들은 스승을 존경한 나머지 원 저서인 《자
치통감》이 아닌 《자치통감강목》을 공자의 《춘추》와 같은 수준으
로 평가했다. 이는 스승에 대한 존경심이 지나쳐서 원서가 아닌
그것을 단순히 편집한 책을 경서로 높이는 어리석음을 범한 것
이다.

　어쨌든 주자학도들은 이러한 논리에 의거하여 《춘추》가 경서이므로 《자치통감강목》도 경서에 버금가는 책이라고 주장했다. 그리하여 이 책은 단순한 역사서가 아닌 경서의 위치로 올라섰다. 마치 《춘추》가 사마천의 《사기》가 등장한 뒤 역사서의 범주에서 벗어나서 경서의 범주로 들어간 것처럼 《자치통감강목》도 역사책에서 출발하여 경서로 들어 가고 있었다.

　송말원초 시대 사람으로 주자의 문도 유우익(劉友益)은 《주자강목서법(朱子綱目書法)》에서 같은 말을 했다.

　　공자는 노나라의 역사책을 기초로 하여 《춘추》를 지어서 만세에 변하지 않는 법을 만들었는데, 주자께서는 사마광이 지은 《자치통감》을 가지고 《자치통감강목》을 지어서 수백 명 제왕의 정통성을 바로잡아주었으니, 이것은 하늘과 땅의 기준이 되는 날줄[經]이며, 임금과 신하 사이에 있어야 하는 의로움이며, 성인과 현인들의 마음을 담고 있다.

　또 다른 주자학자인 하선(賀善)도 《자치통감강목서법》에서 다음과 같이 말했다.

　　선생님께서 이미 《강목》을 편찬하는 요령을 만드셔서 나 하선에게 이를 만늘도록 명령하셨습니다. 이에 이르러시 또 말

쓸하셨습니다.

"부자(夫子)의 이 책은 역사 사실을 써넣거나 빼버리는 것이 아주 세련되고 자세하여 변화의 예를 올바로 잡아주었으니, 반드시 알지 않으면 안 되는 것이요. 그러나 큰 줄거리는 명분을 구별하고, 삼강오륜을 바로잡으며, 권고하고 경계해야 할 것을 보여준 것에 지나지 않을 뿐이요. 그러니 어찌 역사 기록을 통하여 상을 주고 벌을 주는 권한만을 자기에게 부여하려는 것이겠소?"

이렇게 말씀하신 것은 과거에 계셨던 성인들을 위하여 그들의 끊겨버린 도학을 이어주는 것이며, 1만 세대나 되는 먼 훗날을 위하여 태평을 열어주려는 것이 이 책의 본뜻입니다.

여기서 부자(夫子)란 스승을 높여 부르는 존칭어로 주희를 지칭하는 말이다. 하선은 이 책에 붙일 수 있는 온갖 찬사를 다 갖다 붙였다. 이러한 과도할 정도의 존숭은 당시 주자학이 학문의 주류를 이루며 국가 이념으로까지 발전하는 상황 속에서 어쩌면 자연스러운 일이었을지도 모른다. 이러한 종류의 글은 많아질 수밖에 없었다.

그 이후 원대부터 근대에 이르기까지 《자치통감강목》과 관련한 책을 저작하거나 출간한 몇몇 사람들의 평가를 살펴보자.

원나라 때 부주(富州) 출신인 게혜사(揭傒斯, 1274~1344)는 《자치통감강목》을 '1만 년 동안 갈 대단히 공정한 책'이라고 했고, 또한 원대의 상우(上虞) 출신인 서소문(徐昭文)은 '이 책은 천하 사람들과 후세 사람들에게 보여줄 바뀌지 않은 큰 법'이라고 했다.

명대의 왕극관(汪克寬, 1301~1372)은 '이 책에서 역사를 기록한 글자 하나라도 마치 저울질하듯 정확하게 중요한 것과 중요치 않은 것을 비교해놓았다.'라고 했고, 명대의 3양(楊) 가운데 한 사람으로 태학사를 지낸 양사기(楊士奇, 1366~1444)는 '이 책은 공자가 《춘추》를 지은 뜻과 같아서 사람들의 마음을 올바르게 하고 대대로 내려갈 교훈을 심어주며, 정치를 하는 도리에 도움을 준다. 그러므로 《강목》은 정치를 하는 도리와 깊은 관계를 가진 책'이라고 하였다.

또 명나라 중기 사람으로 《자치통감강목질실(資治通鑑綱目質實)》을 출간한 풍지서(馮智舒)는 이 책이 '만 세 동안이나 맞아들어갈 공론(公論)'이라 했고, 같은 시대에 《자치통감강목》에 관한 주석을 전부 모아놓은 것을 다시 판각하여 《중각자치통감강목합주(重刻資治通鑑綱目合注)》를 출판한 황중소(黃仲昭)도 '이 책은 옳고 그름을 정해주고, 만 세 동안 드리울 거울이 될 만한 책'이라 했다.

원대에 《자치통감》을 보는 눈

그러나 주자학을 이념으로 받아들이지 않은 사람이나 그러한 시대에는 《자치통감강목》은 혈통을 지나치게 강조하여 역사를 객관적으로 살펴보는 데 방해가 되는 책이기도 했다. 그리하여 중국 정통 왕조가 아닌 몽골족의 원 조정은 《자치통감강목》보다 《자치통감》이 정치에 도움을 주는 역사서라고 생각했고, 황제나 황실에서도 《자치통감》을 대단히 중요한 책으로 받아들였다.

아직 남송을 멸망시키기 전인 중통 원년(1260)에 원 세조 쿠빌라이는 중국에 들어와서 북방에 있는 금 왕조를 멸망시킨 다음에, 가거정(賈居貞, 1218~1280)을 중서좌우사(中書左右司) 낭중으로 임용하고 정벌 전쟁에 따라 나서게 했는데, 매번 《자치통감》을 펼쳐서 설명하게 했다는 기록이 《원사》에 보인다.

그 후 몽골족이 남송을 압박하며 거의 통일을 이룰 상황이 연출된 지원 6년(1269)에 《통감절요》를 몽골어로 번역하여 각 지방에 배포하고, 이것을 가지고 공부하게 했다는 기록도 보인다.

그 2년 뒤인 지원 8년에도 원 조정에서는 경사에 몽골 국자학을 세우고 《통감절요》를 가르치게 했다. 그리고 남송을 완전히 멸망시키고 3년이 지난 지원 19년(1282)에는 몽골 문자로 된 《통

쿠빌라이 칸(忽必烈, 1215~1294)

몽골제국 제5대 칸이자 중국 원나라를 세운 세조이다. 징기스칸의 아들로 중국으로 들어와
서 금 · 남송을 멸망시키고 원 왕조를 건설했다. 이때부터 고려는 원나라의 부마가 되었다.

감》을 간행했다는 기록도 보인다. 그 다음 해에 몽골어로 번역
된 《자치통감》을 황제에게 올렸더니 황제가 즉각 이 책을 동궁
에 하사하고 경연에서 강의하도록 했다고 한다.

이러한 내용을 통해 《자치통감강목》이 주자학자들과 주자학
세계에서만 존중된 것과는 달리 《자치통감》은 국가와 민족의
구분을 뛰어넘어 명저로 인정받았음을 알 수 있다. 몽골족의 원
조정에서도 이 책을 국자학과 동궁, 그리고 경연의 교재로 삼았
을 뿐만 아니라, 심지어 이를 몽골어로 번역하기까지 했다. 다
만 원나라 조정은 《자치통감강목》에 대해서는 관심을 갖지 않
았다는 점이 남송과 다르다.

그 후 원과 명 등 여러 왕조에서 《자치통감》이 어떠한 대우를
받았는지 살펴보자. 먼저 원대에 《자치통감》에 음주를 단 호삼
성의 말을 보자.

> 임금이 되어서 《자치통감》을 모르면 정치를 잘하려고 해도
> 잘 다스리는 자료의 근원을 알지 못할 것이고, 혼란스러운
> 것을 싫어하지만 혼란을 막는 방법을 알지 못할 것이다. 또
> 신하 된 사람이 《자치통감》을 알지 못하면 위로는 임금을 섬
> 길 줄 모르고 아래로는 백성을 잘 다스리지 못한다. 아들 된
> 사람이 《자치통감》을 모르면 스스로 처신하는 방법을 꾀하
> 여도 반드시 선조들을 욕되게 할 것이며, 일을 처리하더라도

후세에까지 드리우기에는 부족할 것이다.

이에 군사를 운용하고 군사를 움직이며 법이나 제도를 만든다고 해도 옛사람들이 성공할 수 있었던 흔적을 더듬어보거나 옛사람들이 실패한 까닭을 비추어볼 줄 모른다면, 승리하려고 해도 실패할 것이며, 이익을 내려고 도모하여도 손해를 볼 것이니 이는 필연적으로 닥치는 일이다.

임금이든 신하든, 전쟁을 하거나 제도를 만들 때에도 《자치통감》을 모르면 실패할 것이라는 말이니, 이는 하나의 책에 바칠 수 있는 최고의 찬사가 아닐 수 없다. 그러나 이러한 말을 한 사람이 호삼성만은 아니다. 민국시대에 세계서국(世界書局)에서 흥문서(興文署) 판본의 《자치통감》을 간행했는데, 여기에 원대 학자 왕반(王磐, 1202~1293)의 글이 실렸다.

선비가 세상에 태어나서 정녕 이 세상에 아무런 의미를 두지 않고 그만두려는 뜻을 갖지 않은 다음에야, 또 기업을 일으킬 포부를 가지고 달게 허송세월하지 않으며 장차 분한 마음을 발동하여 어떤 일을 하려고 한다면, 어찌 《자치통감》을 제대로 읽고 이를 깊이 생각하지 않을 수 있겠는가?

명나라 말기에 조국 명나라가 청나라에게 패망하는 것을 지

켜보고 《자치통감보(資治通鑑補)》를 쓴 엄연(嚴衍, 1575~1654)도 《자
치통감》을 읽은 기쁨을 이렇게 표현했다.

> 내가 41세가 되어서야 비로소 온 힘을 다하여 사마광의 《자
> 치통감》을 구하였고, 화가 나서 이를 읽고는 펄펄 뛸 듯이
> 기뻐하였다. 근심하면서 이 책을 읽고 아주 즐거워하였으며,
> 조급하여 이 책을 읽고서 느긋하고 편안하게 되었다. 하루
> 종일 밥을 먹지 않을 때는 있어도, 밥을 먹고 이 책을 읽지
> 않을 때는 없다.

명대 · 청대에 《자치통감》을 이해한 태도

한편 남송시대에 집대성된 주자학은 원대를 거쳐서 명대에 이
르러 국가적 이념으로 받아들여져서 주자학이 국가통치이념으
로 자리 잡은 후에는 위정자들의 역사관도 주자학적 역사관으
로 바뀌고 있었다. 이제 역사의 가장 중요한 역할은 정통성을
세우는 데 필요한 근거를 제공하는 것이지, 객관적인 검증을 통
해 보편적인 교훈을 주는 것은 아니었다. 원·명·청대에 나타난
통감학 관련 저술을 보면 이러한 변화상이 두드러지게 나타난
다.

원대의 《통감학》 관련 저작을 보면, 총 여섯 종의 책 가운데 원대에는 《자치통감강목》에 관한 것이 두 종류밖에 없다. 이는 주자학이 아직 국가 전체에 수용되지 않았고, 설혹 수용되었다 하더라도 통치이념으로서가 아니라 학문적인 수용이었기 때문으로 이해할 수 있다.

그런데 명대에 들어가면 여기에 변화가 생긴다. 명대에 간행된 《통감》 관련 도서를 보면 이 사실을 알 수 있다.

총 29종의 저작 가운데 17종의 책에 '강목'이라는 말이 들어가 있음을 알 수 있다. 이것은 명나라가 주자학을 국가통치이념으로 삼은 나라로, 역사를 정통과 비정통의 대립 관계로 보았기 때문이다. 이 시대에는 역사 지식의 응용 범위를 대단히 좁게 파악하고 있었다.

그런데 청대에는 이러한 분위기가 다시 역전된다. 청대에 출간된 《통감》 관련 도서를 보자.

청대에 저작된 《통감》 관련 책은 총 39종이다. 그 가운데 도서명에 '강목'이 들어간 것은 16종이다. 이는 전체의 3분의 1에

원대의 《통감학》 관련 저작

저자명	서명(권수)	저자명	서명(권수)
호삼성	통감석문변오(12)	왕유학	통감강목집람
진경	통감속편(24)	하중	통감강목측해(3)
호삼성	자지통감음수	반녕	통감총론(1)

해당하는 수치로, 명대에 비해 《통감강목》 관련 저작물이 월등히 줄어들었음을 알 수 있다. 이것은 어쩌면 당연한 결과이다. 청 왕조는 중국인들이 이족이라고 생각하는 만주족이 건설한 나라이다. 이런 청나라가 정통 왕조를 강조하고 혈통주의를 내세운 《자치통감강목》을 긍정적으로 수용하기란 어려운 일이었다.

명·청대 사이에 있었던 학문적인 변화도 《강목》의 감소에 한 몫했다. 명나라 말기부터 주자학을 비판하는 목소리가 나오기

명대의 《통감학》 관련 저작

저자명	서명(권수)	저자명	서명(권수)
황중소	중각자치통감강목합주	녕왕권	통감전론(3)
풍지서	통감강목질보	상로	속자치통감강목(27)
진경	자치통감강목전편외기(1)	구준	속편송원통감강목
장자훈	강목속린휘람(4)	강보	계고편대정기강목(8)
이동양	역대통감찬요(92)	고석주	강감정사약(36)
왕극관	통감강목범례고이(1)	하인	정감(30)
설응	송원자치통감(157)	진제	통감집람정오
남헌	통감강목전편(25)	조완벽	통감원위(80)
공극표	강목음훈	장시태	속자치통감강목광의(17)
강보	자치하편대정기강목(32)	왕송목	송원자치통감(64)
허고	통감강목전편(3)	엄연	엄선생통감보정략(64)
진제	통감강목집람정오	대경	한당통감품조(30)
진경	통감속편(24)	교무경	고금렴감
장자훈	강목속린(20)	강보	자치상편대정기강목(40)
유관	유씨자치통감강목각주		

시작하더니 곧이어 양명학(陽明學)이 등장했다. 그리고 청나라 초기에는 고증학(考證學)이 등장했다. 이렇게 청대는 주자학이 퇴색하거나 비판을 받게 된 시기였으므로 《자치통감강목》에 대한 관심은 자연 줄어들었고, 《자치통감》의 가치가 다시 인정받았다고 볼 수 있다.

지금까지 살펴본 것처럼 《자치통감강목》은 《자치통감》을 주

청대의 《통감학》 관련 저작

저자명	서명(권수)	저자명	서명(권수)
노문초	자치통감서보일(1)	장경	통감강목석지규류(6)
화담사	강목지의(1)	유선	강목부평
하섭	명통감(120)	온가옥	속자치통감강목교감기(27)
진경운	통감호와거정(1)	태칙찬	어정통감강목3편(40)
조소조	통감와상(18)	태칙찬	어비통감강목전편(22)
장돈인	자치통감간본식오(3)	태칙찬	어비통감집람(116)
임조린	강목통론(1)	서덕림	독통감일기(1)
왕부지	속통감론(31)	만곡천	자치통감강목정편정오보(3)
예장휼	강목분주습유(4)	광민본	사감찰요(4)
태칙찬	어비통감강목속편(27)	허광치	속송중흥편년자치통감교(1)
태칙찬	어정통감강목(40)	추수영	강목수필(1)
신함욱	통감평어(5)	진선	자치통감술
방종성	독송통감(3)	전대흔	통감와변정(2)
일명	분류통감(4)	장경	통감강목석지규류보와(6)
만곡천	자치통감강목전편변오(1)	위예개	감어경세편(27)
호원상	신교자치통감서록(3)	태칙찬	어정평감천요(12)
필원	속자치통감(220)	태칙찬	자치통감강목3편(20)
진경운	강목정오(4)	태칙찬	어비통감강목(59)
제소남	명감전기(2)	서건학	자치통감후편(184)

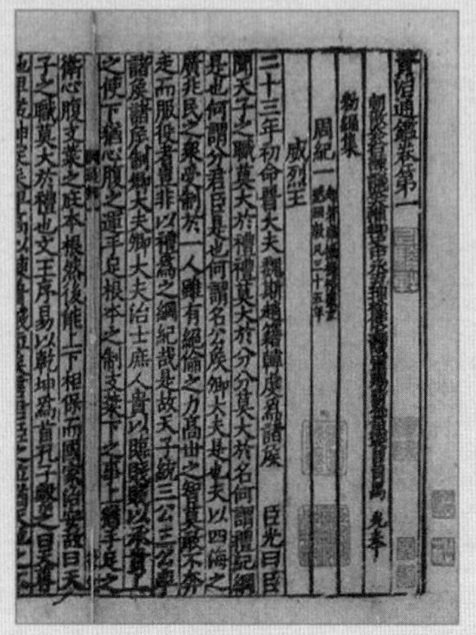

《자치통감》 송대 판본

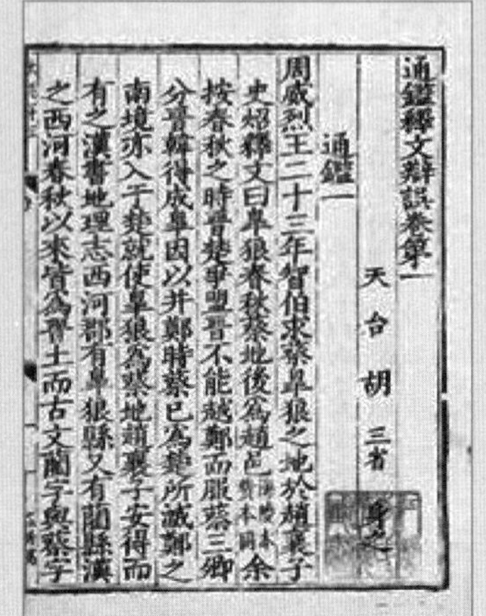

《자치통감》 원대 판본

《자치통감》 명대 판본

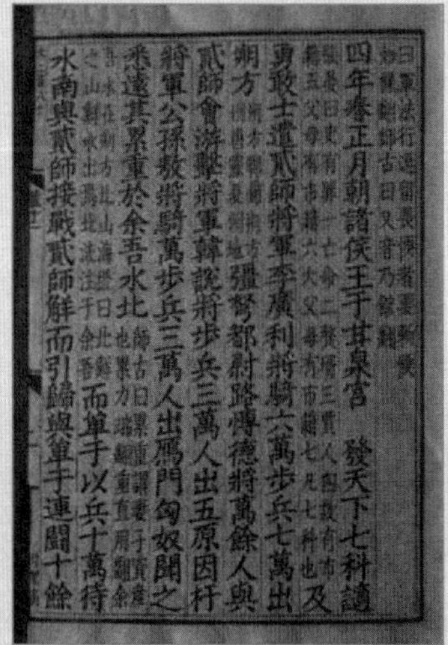

《자치통감》 청대 판본

자학적 이념으로 재편, 역사를 주관적으로 보려고 한 것이다. 따라서 역사학의 본령에 따라서 역사를 객관적으로 서술하여 독자가 그 속에서 행동의 지침을 찾게 하려 한 《자치통감》의 본래 목적을 많이 훼손하였다고 할 수 있다. 그러나 주자학이 비판을 받고, 새로운 학문 경향이 나타나자 《자치통감》의 원래 효용성은 다시 인정받기 시작했다.

13 세종이 밤새워 읽은 까닭은?

《자치통감》 애독자 세종대왕

우리나라 역사에서 가장 뛰어난 군주를 꼽는다면 누구나 주저 없이 조선시대의 세종을 꼽는다. 앞에서 이미 말했듯이 세종은 《자치통감》을 많은 사람에게 읽히려고 밤새워 스스로 어려운 부분을 쉽게 이해할 수 있도록 주석을 다는 일을 했다. 뿐만 아니라 이것을 책으로 인쇄하여 출간했다.

우리나라의 보물로 지정된 '사정전(思政殿) 《자치통감훈의(資治通鑑訓義)》'이다. 사정전이란 말할 것도 없이 세종대왕이 정치에 관하여 깊이 생각하면서 지냈던 전각의 이름이고 훈의란 뜻풀이라는 말이다.

세종이 이 《자치통감훈의》를 편찬했을 때는 중국에서 호삼성이 이미 《자치통감음주》을 저작한 뒤였다. 사마광이 《자치통감》을 저작한 지 이미 300여년이라는 시간이 지남에 따라서 발생한 언어의 변화로 《자치통감》 가운데 읽기가 쉽지 않은 부분이 나타난 것이다.

그래서 호삼성은 《자치통감》이 모든 사람들에게 쉽게 읽혀야 한다는 생각으로 자신의 일생을 바쳐서 당시 사람들이 보다 쉽게 《자치통감》에 접근하게 하려고 필요한 부분에 주석을 달아 놓았던 것이다. 이것이 원나라 때에 편찬된 호삼성의 《자치통감음주》이다.

중국에서도 상황이 이러하니 당연히 조선에서 《자치통감》을 있는 그대로 읽는 것이 쉽지 않았을 터였다. 세종 시기는 호삼성이 《자치통감음주》을 편찬하고 나서도 다시 100년이 흐른 때이니 아무리 《자치통감》이 치세(治世)의 교본이어서 많은 사람들에게 읽혀야 한다고 생각했다고 하더라도 학자를 제외하고는 《자치통감》을 원본대로 읽기는 쉽지 않았다.

《자치통감》을 목민관(牧民官)들에게 읽히고, 이를 통해 나라 전체를 치세(治世)로 끌고 가고 싶었던 세종은 이 책을 보다 쉽게 읽히기 위해 호삼성과 같은 생각으로 어려운 부분에 주석을 달아 주기로 했다. 그래서 당시에 구하기 어려운 호삼성의 《음주자치통감》을 백방으로 구하여 참고하면서 새로이 《자치통감훈의》를 편찬한 것이다.

세종(世宗, 1397~1450)
조선왕조 제4대 왕(재위 1418~1450)으로 본명은 이도(李祹)이다. 인재
를 고르게 등용하여 이상적 유교정치를 구현하였다. 훈민정음을 창제하
고 측우기 등의 과학 기구를 제작하여 백성들의 생활에 실질적으로 도
움이 되는 문화 정책을 추진했다.

　그 위에 앞에서도 말한 것처럼 국가적 사업으로 이 일을 추진한 것이다. 요즈음 식으로 말한다면 국책사업인 것이다. 전국 각 도로부터 종이를 만들게 하고, 학자를 동원하여 주석을 달고, 완성한 다음에 책으로 인쇄하였다. 그리고 전국의 지방관에게 이것을 나누어 주었다.

　제왕이 지방관에게 책을 읽으라고 나누어 주었다는 것은 무엇을 의미하는가? 단순한 선물이 아니었음이 분명하다. 오히려 이 책을 읽고, '정치의 핵심을 파악하라, 그리고 그 정치를 잘하는 방법을 터득하라, 그래서 우리 조선의 태평성대를 이루어라.'라고 하는 것이 그의 염원이 아니었을까?

　이렇게 노력한 세종은 이 책을 편찬한 다음에 우리글인 한글을 창제하였다. 어떻게 하면 이 나라에 사는 사람들을 잘 살 수 있게 할 것이냐가 그의 머리에 항상 남아 있었던 때문일 것이다. 이뿐만이 아니었다. 이 시대에는 의약을 정리하고, 과학기술을 장려하였으며, 음악을 정리하는 등 세종이 관심을 안 가진 부분이 없을 만큼 문화적 융성의 시대를 열었다.

　그러한 지혜는 어디로부터 왔을까? 역사에서 얻은 것이다. 역사에는 사람이 살면서 겪은 잘한 일, 못한 일, 행복한 일, 불행한 일, 성공적인 인생과 실패한 인생, 평화의 시대와 혼란의 시대 등 모든 것이 기록되어 있다. 실패한 사람의 말로가 비참하였음도 성공한 사람이 후세에까지 영광스러웠음도 다 볼 수 있는 인간사의 거울인 셈이었다.

　그런데 그 거울이라는 역사책은 참으로 많이 나와 있었다. 그렇다면 왜 《자치통감》을 읽어야 했을까? 사실 그 모든 역사책을 모두 읽으려면 모름지기 한 사람이 일생을 두고 문밖출입도 삼간 채 읽는다 해도 다 읽지 못할 만큼 많다. 그러하니 그것을 다 읽은 다음에 정치를 하겠다고 한다면 정치에는 손을 대 볼 사이도 없이 인생은 끝나버릴 것이다.

　정치를 잘 하기 위해서 역사는 읽어야 하겠지만, 역사책을 읽으려니 모든 역사책을 다 읽을 수 없다는 딜레마에 빠질 수 있다. 그래서 송나라 영종과 신종은 사마광에게 이 딜레마를 풀 수 있는 책을 쓰게 했던 것이고, 사마광은 무려 19년을 걸쳐서 이 책을 써야 했다. 수많은 역사를 다 읽고, 핵심적인 것만을 가려 뽑아서 세상에 둘도 없는 명저를 만들어야 했기 때문에 이렇게 오랜 시간이 걸린 것이다.

　이 책을 편찬하는 사람은 오랜 시간을 소비했지만 읽는 사람은 1년만이면 다 읽을 수 있다. 만약 1년을 투자하여 정치의 핵심, 인생살이의 핵심, 평화와 혼란의 핵심을 알 수 있게 된다면 그 1년이라는 시간은 어느 누구나 투자할 수 있을 것이다. 이것이 바로 세종이 《자치통감》에 훈의를 단 이유가 아닐까?

《자치통감》에서 무엇을 배웠을까?

1. 오동잎이 떨어지면 가을이다

사람이 살아가면서 세상이 바뀌는 것을 제대로 파악하는 것이 무엇보다 중요하다.

> 오동잎 하나가 뜰에 떨어지는 것을 보면 바로 가을이 온 것을 안다.

구태여 돈을 들여서 설악산에 가서 단풍을 보지 않아도 가을이 된 것을 안다면, 그래서 오동잎 한잎 떨어지는 것을 보고나서는 가을이 닥치면 해야 될 일을 하게 된다. 농민은 수확 준비를 해야 하고, 장사꾼은 가을 겨울옷을 준비해야 한다. 주부는 여름 내 장롱 속에 넣어두었던 가을옷과 겨울옷을 준비해야 한다.

이렇게 일상적으로 알기 쉬운 세상의 변화를 파악하지 못하면 낙오한다. 가을이 왔는데도 여전히 여름옷을 부여잡고, 부채질하는 사람이 간혹 있다. 옛것이 최고라고 생각하며 고집하는 사람들이다. 이러한 사람은 결국 뒤처지고 만다.

보통 사람이라도 서리가 내리면 겨울이 오는 것을 안다. 겨울에서 봄으로, 봄에서 여름으로, 여름에서 가을로, 다시 가을에서 겨울로 계절이 변하는 과정을 경험하고 보아왔기 때문에 알 수 있다.

그러나 인생은 계절과는 달리 두 번 살 수가 없다. 따라서 현재 나타난 사실을 보고 지금이 어떤 시대인가를 짐작하는 것이 쉽지 않다. 그런데 역사에는 무수한 사람들의 경험이 기록되어 있으니, 당연히 조그만 사실 하나를 보더라도 바로 지금이 어떤 시대인지를 알게 된다.

사마광은 《자치통감》의 첫 머리에 '주나라 위열왕이 진(晉)나라 대부였던 한건, 조적, 위사를 한 등급 올려서 제후로 삼았다.'라는 기록을 담담하게 올려놓았다.

이것을 아주 간단한 인사(人事)조치의 기록으로 보는 사람도 있을 것이다. 그러나 이러한 인사 조치는 바로 이 세 명의 대부가 자기 상급자인 진(晉)나라 제후를 무시하고 하극상을 일으켰고, 그것을 최고 책임자인 위열왕이 하극상을 벌하는 대신 오히려 상을 준 사건이었다. 이 기록을 보면서 '아! 세상은 변했구나! 전과 같으면 벌을 받아야 할 사람이 오히려 상을 받았구나! 옛날의 질서는 변했구나!'라는 사실을 알게 된다. 시대가 변한 것을 역사책에서, 특히 《자치통감》에서 알게 되는 것이다.

이 시대 이후로 사람들은 아무런 거리낌 없이 하극상을 벌이는 모습을 발견하게 된다. 그래서 한 걸음 더 나아가서 잘 속이는 사람이 대우받는 시대가 된다는 것을 발견하게 된다.

한 스승 밑에서 병법을 공부한 손빈과 방연, 두 친구 사이에는 동문수학이라는 우정(友情)보다 상대방을 속여서 넘어트려야 한다는 생각이 가득차 있다. 이러한 시대가 되었으니 사람들은 손빈이 방연을 멋지게 속여 제압하는 그의 병법에 매료된다. 《손자병법》이 인기가 있게 된 것이다.

《손자병법》이 많이 읽히는 만큼 사람들은 상대방을 속이는 기술을 익히고 있는 것이다. 이것을 읽노라면 또 세상이 변한 것을 알게 된다.

이제 속이는 것이 똑똑하다고 하는 세상이 도래한 것을 알았다면 남을 속이지는 않더라도 적어도 속지는 말아야 한다는 또 다른 결론을 도출할 수 있다. 이는 요즘 도처에 속이려 드는 사람들이 널려 있음으로 발견한다.

이러한 세상, 즉 시대가 변한 줄을 모르고는 살아가기 힘들다. 시대의 성격을 알면 이에 대처하는 방법을 찾게 되고 연구하게 된다. 그래서 속지 않는 방법을 만들어 낸다. 그러므로 시대의 변화를 보는 안목은 대단히 중요하다.

《자치통감》 속에 실린 1,362년간의 인간의 변한 모습을 보면서 어떻게 세상이 변하여 왔는지를 알게 된다. 아울러 앞으로 변할 세상의 모습도 점칠 수 있다. 그러면 그에 대처하는 방법은 나오게 된다. 여기에 《자치통감》을 읽어야할 이유가 있다. 더구나 많은 사람에게 영향을 미치는 정책을 결정하는 사람들은 변해 가는 세상을 알아야할 책무가 있는 것이다.

세종이 위대한 정치적 업적을 세운 것도 자기가 살던 시대가 어떤 시대인지를 파악했던 데 있었다. 자기 치세의 방법은 이미 아버지 태종의 무자비한 억압의 방법도 아니고, 할아버지 이성계의 혁명의 방법이 필요한 시대도 아니었음을 안 것이다. 기초를 닦은 토대 위에 문화를 건설해야 할 새로운 시대였음을 안 것이다. 그의 업적은 그냥 얻어진 것이 아닌 것이다. 아마도 《자치통감》 속에서 이러한 지혜를 얻었을 것이다.

필자는 이 시대의 혼란을 보면서 이 시대를 진단하고 싶었다. 아들이 아버지를 죽이고, 배우자를 두고 혼외정사를 아무렇지도 않은 듯이 여기고 있는 세태, 늘어만 가는 성범죄, 죄의식 없이 벌이는 범죄들, 이러한 세태를 보면서 그 원인을 역사에서 찾아 볼 수 없을까? 생각했다.

그래서 《자치통감》 속에서 그러한 경우를 찾아보려고 했다.

예컨대 위진남북조시대에는 황제인 남편을 두고 장안에서 미소년을 납치해다가 밤새워 놀다가 소문이 날까 걱정하여 그들을 죽여버린 황후 가남풍(賈南風, 257~300)이 있다. 그런데 과연 당시에는 황후 가남풍만이 특별히 엽기적이었을까? 그건 아니었다.

밤만 되면 군사들을 데리고 들판을 쏘다니면서 쥐를 잡아먹고 오는 황제도 있었다. 군사를 데리고 다니면서 움직이는 것

은 모조리 죽이라고 명령한 황제도 있었다. 기행(奇行)의 시대였
다. 왜 그럴까? 기행을 멋지다고 생각하던 시대의 탓이다. 남보
다 두드러지기만 하면 멋지다고 생각한 세태가 만들어낸 결과
였다.

이러한 역사를 보고 현재 우리시대의 상황을 보면 해답은 저
절로 나올 수 있다. 이 시대 병폐의 원인이 무엇인지를 짐작할
수 있기 때문이다. 위진남북조시대에 벌어진 사건들, 기행들은
그냥 과거의 사건으로 끝나버린 것이 아니다. 그것을 읽음으로
써 우리가 사는 시대를 짐작하게 하는 것이었고, 해결의 실마리
를 찾아볼 수도 있다.

세종이 읽고서 시대의 흐름을 파악하고 태평성대를 이룬 것
처럼 이 시대에도 이 시대에 필요한 정책과 대책이 이 책에서
나올 수 있는 것이다.

2. 사건의 배후를 간파한다.

우리는 살면서 사람들의 행동을 지켜본다. 그런데 우리는 자
기가 한 행동에 대해서 특별한 경우에 한해서 이유를 잘 설명하
지만, 일반적으로는 아무런 말을 하지 않는다. 여기서 문제가
발생하게 되는데, 바로 사람들의 행동이 의미하는 것을 제대로
파악하지 못해 그에 맞는 대처 행동을 하지 못했을 경우이다.
우리는 그들이 무엇을 위해 그러한 행동을 했는지 알아야만이

효과적으로 대처할 수 있다.

만약에 이러한 것을 알 수 있는 독심술(讀心術)을 가졌다면 좋겠지만, 그런 것이야 영화에서나 나올 법한 이야기이다. 상대의 다음 행동을 아는 것은 바로 바둑에서 상대방의 수를 읽는 것만큼이나 중요하다. 이러한 지혜를 어디로부터 얻을 수 있을까? 이러한 일만을 전적으로 연구한다고 해도 쉽지 않을 일이다.

그런데 아주 많은 사람의 말과 행동, 그리고 그 행동 다음에 이어지는 행동을 볼 수만 있다면 어느 정도는 가능하다. 겉으로 나타나는 현상의 배경을 이해하는 것은 사건의 본질을 파악하고 그에 대처할 수 있는 방법을 생각해 낼 수 있게 한다. 이를 파악하지 못하면 실패하고 이를 알고 나면 승리할 수 있다.

예컨대 《자치통감》에 실려 있는 촉한의 제갈량(諸葛亮, 181~234)과 대결했던 사마의(司馬懿, 179~251)의 경우를 보자. 오장원에서 제갈량이 사마의와 대치하고 100일 동안 아무리 싸움을 걸어도 사마의는 나와서 싸우지 않았다. 제갈량의 꾀를 아는 사마의는 싸운다는 것은 진다는 것을 의미하기 때문에 성 밖을 나오지 않은 것이다.

이것은 제갈량도 파악하고 있었다. 그래서 사마의의 자존심을 건드려서 홧김에 나와서 싸우게 하려고 여자 옷 한 벌을 선물로 보냈다. 장군에게 여자 옷을 보낸 제갈량과 이를 받은 사마의, 제갈량이 사마의를 모욕한 것이다. 그러나 제갈량의 속내를 읽은 사마의는 적당한 핑계를 대고 끝내 나와서 싸우지 않았다.

그리고 제갈량에게서 온 사신에게 사마의는 딱 한 가지 묻는다. "승상께서는 식사를 잘 하시는가?" 그러자 사신은 자기 나라 승상이 훌륭하다고 자랑하고픈 마음에 "승상께서는 제때 밥도 못 먹을 정도로 일을 많이 하십니다."라고 대답했다. 그리고 사자의 대답 한마디가 나온 제갈량 진영의 배후를 짐작하고 사마의는 제갈량의 앞날을 예측했다.

"제갈량이 곧 죽겠구나."

또 사마의가 늙어서 뒷방에 물러가 있을 때, 그래도 이 늙은 호랑이가 언제 발톱을 드러낼지 모르는 지라 위(魏)나라를 세운 조(曹)씨들은 호시탐탐 사마의를 염탐하고 있었다.

이때 사마의는 중풍이 들었다고 하면서 미음조차 질질 흘리는 모습을 보이면서 안심시켰다. 조씨들은 미음 흘리는 겉모습만 보았지 그 속에 숨은 사마의의 진정한 뜻을 파악하지 못했다. 그래서 사마의는 어느 한 순간 쿠데타를 일으켜서 진(晉)을 세울 토대를 마련한다.

상대방을 꿰뚫는 안목, 겉으로 나타나는 모습의 배후를 읽을 수 있는 사람과 없는 사람의 승패는 정해져 있다. 이러한 사건들이 비단 사마의의 경우에만 있는가? 헤일 수 없는 크고 작은 지혜가 이 지혜가 담겨 있다.

세종이 이 책을 읽으면서 이러한 지혜를 배우지 않았을까? 그렇지 않고서야 그 어려운 제왕의 자리를 그렇게 오래 성공적으로 지탱할 수 없었을 터였다.

3. 촌철살인의 설득력

사람을 설득시키는 방법은 참으로 많다. 그러나 핵심을 짚어서 단 한마디로 상대방을 꼼작 못하도록 설득시키는 말이 있다. 이른바 '촌철살인(寸鐵殺人)'이라 할 것이다.

아무리 내용이 좋아도 담는 그릇이 멋져야 한다. 좋은 생각을 가졌다고 하여도 이것으로 상대방을 설득하는 데는 멋진 한마디가 무엇보다 중요하다.

유방이 '역발산기개세(力拔山氣蓋世)'하는 영웅 항우를 이기고 승리의 잔치를 하는 자리였다. 유방은 별안간 "항우를 이긴 이유가 무엇인지 말해보라."라고 물었다. 그러자 모두가 입에 침이 마르게 유방은 너그럽고, 욕심 없고, 전략도 훌륭하다고 대답했다. 그러나 유방은 한마디로 일축했다.

"내 재주는 다른 사람보다 뛰어나지 않아도 재주 있는 사람을 쓸 줄 알았다.”

그 누구도 이보다 멋진 말을 하지 못했다. 그렇게 유방은 촌철살인의 한마디로 좌중을 장악해 나갔다.

손권(孫權, 182~252)은 자기 휘하의 장수 여몽(呂蒙, 178~220)에게 책을 읽으라고 권고했다. 군사를 지휘하여 싸움하기에도 바쁜 장수에게 책을 읽으라니, 책 읽을 틈이 없다는 대답으로 돌아왔다. 그러자 손권은 “그대가 나보다 바쁘겠느냐?”라고 되불어 여몽에게 책을 읽게 만들었다. 그 후로부터 여몽은 분발하여 책을 읽었고 얼마가 지나지 않아 그의 지식은 손권도 놀랄 만큼 늘어나 있었다. 자신의 변화된 모습을 보고 놀라는 손권에게 여몽이 한마디 던졌다.

“사내 대장부라면 3일을 못 만나면 괄목상대(刮目相對)해야 할 터인데, 당연한 일이 아니겠습니까?”

이 말 한마디는 여몽이 얼마나 분발하여 책을 읽었는지를 단적으로 표현한 말이었다. 그 덕택인지 유비가 아끼는 의형제 관우(關羽, 160~220)가 여몽의 손에 최후를 맞는다.

《자치통감》은 처음부터 끝까지 이러한 촌철살인의 정확한 말로 사건의 성곡을 씨른다. 당 태종의 재인이었다가 그 이들 고

종의 황후까지 올라갔고, 결국 당나라를 주나라로 바꾸기까지
했던 측천무후(則天武后, 624~705). 그녀가 성공한 이유를 한마디
로 평가했다.

능히 몸을 굽히고 욕됨을 참을 수 있었던 사람이다.

또 당 현종 때 재상 이림보에 대해 단 한마디를 표현했다.

입에는 꿀물 발랐지만 배 속에는 칼을 갖고 있다.

또 어려운 시기를 당하고 있던 당나라 숙종 때에 많은 사람
들이 입에 발린 말을 하고 있을 때에 방관(房官)만은 황제에게
곧은 말을 했다. 그러자 그러한 그의 모습을 이렇게 그렸다.

천하를 자기 책임으로 삼았다.

개인적 이해관계를 버리고 국가의 장래만을 위하여 제언하는
방관의 모습을 이 이상 적확하게 표현할 수 있을까?
이렇듯 《자치통감》에서 보인 표현은 있는 그대로 실생활에서
적절하게 사용될 수 있는 말이었다. 세종이 그 많은 신하, 그를
반대하는 사람까지 설득할 수 있는 자원은 《자치통감》 속에 나

오는 촌철살인의 설득력이 아니었을까? 이러한 설득력은 자기가 추구하는 바를 효과적으로 실현할 수 있는 무기이고, 이것이 바로 세종대왕이 《자치통감》을 밤새워 읽었던 이유였다.

4. 정신적 휴양의 저수지

《자치통감》은 항상 살벌한 긴장 속에 있도록 하는 이야기만 실린 것은 아니다. 오히려 중간중간 그 이야기 속에서 정신적 카타르시스를 할 수 있게 꾸며졌다.

예컨대 아무런 준비도 없는데 100만 대군으로 쳐 내려오는 전진(前秦)의 부견(苻堅, 338~385) 그리고 이를 8만 군대로 막을 수밖에 없었던 동진(東晉)의 재상 사안(謝安, 320~385)의 이야기가 그러하다. 이 싸움이 되지 않는 대결에서 거꾸로 100만 대군을 가진 전진이 참패하여 망하게 되는 부견의 모습과 이 기쁜 소식을 듣고도 짐짓 대단치 않은 것처럼 손님에게 허세를 부렸지만, 손님을 보내고는 그 기쁨을 감출 수 없어서 나막신 뒤꿈치가 부러지는 줄 모르고 경중경중 뛰어서 집으로 돌아온 사안의 모습은 심각한 사건 속에서 멋진 카타르시스가 가능한 서술이었다.

대나무 감상을 좋아했던 대서예가 왕휘지(王徽之, ?~388)는 전혀 모르는 사람 집에 아무 말 없이 들어가 대나무를 감상하다가 주인에게 쫓겨난 이야기. 눈 내리는 한밤중에 불현듯 친구 생각에 그 자리에서 배를 나고 밤 새워 친구를 찾아갔지민, 정작 친구 집 앞에 이르자 친구를 만나고 싶던 그 흥취가 없어졌다고 그대로 배를 돌려 돌아 온 이야기. 그 모습 속에서 한번의 멋진 낭만을 볼 수 있었다.

그 외에도 빨래하는 표모에게 밥을 얻어먹으면서 비웃음을 받고 동네 불량배들의 바짓가랑이로 기어가는 모욕을 당했던 한신(韓信, ? ~기원전 196)이 후에 대장군이 된 이야기도 재밌거리로 손색이 없다.

이러한 이야기들이 끝없이 펼쳐지는 《자치통감》 속에서 어떤 소설보다 극적으로 반전이 전개되는 사람들의 삶은 읽는 사이에 자기도 모르는 사이에 스트레스를 해소시켜 준다.

사람이 책을 읽으면서 반드시 긴장을 하면서 얻으려고만 한다면 얼마나 삭막할 것인가? 그러나 이렇게 정신적으로 유희하면서 읽을 수 있는 책 《자치통감》, 아마도 세종은 한편으로 《자치통감》 속에서 정신적 휴양을 누릴 수 있었기에 오래도록 지치지 않고 정치를 할 수 있었지 않았을까?

영원한 인생교과서

1. 역사를 기록하는 목적

역사책을 왜 보아야 하는지 말하자면 여러 가지 의견이 나올

수 있다. 역사 자체에 어떠한 의미가 들어 있다고 보는 견해도
있다. 종교인들은 역사가 초월적인 신의 뜻에 따라서 진행되는
것이며, 따라서 그 과정 속에서 신의 뜻을 알아낼 수 있다고 주
장한다.

예컨대 아우구스티누스는 인간의 역사는 《성경》의 창세기에
서부터 묵시록까지 진행되는 과정이라고 믿고, 그 과정을 일곱
단계로 나누어 설명했다. 이러한 시각으로 보면, 모든 역사 사
건을 기록한 역사책은 '성서'가 될 수 있는 소지가 있다. 이스
라엘 민족의 역사를 기록한 구약이 그러하고, 그 시각은 다르지
만 역사를 정통과 비정통의 대립과 교차로 파악하고 정통 왕조
의 승리를 위해 기여하려고 한 《자치통감강목》도 이 범주에 들
어갈 수 있다. 이렇게 역사를 주관적으로 파악하고 신봉하는 것
은 학문적인 행위가 아니라 종교적인 신앙인 것이다.

그러나 역사학을 철저히 과거 사실의 객관적인 기록으로만
보는 시각에도 문제가 있다. 근대 역사학에서는 이를 실증사학
(實證史學)이라고 한다. 이러한 역사학 이론도 그 나름대로의 역
사적 역할을 한 것이 사실이다. 그러나 이러한 시각에서 보면
역사 속에서 어떤 의미나 교훈을 찾아내려는 것은 역사학이 할
일이 아니다. 그렇다면 무엇을 위해, 왜 과거 사실을 객관적으
로 기록해야 하는가? 이 시각은 이 질문에 대한 답을 주지 못한
다는 맹점이 있다.

따라서 역사를 의미로 파악하려는 태도나 이에 반발하여 과
거 사실을 주관의 개입 없이 객관적으로만 기록해야 한다는 이
두가지 태도 모두 역사를 기록하고, 역사책을 읽는 올바른 태도
라고 보기 어렵다. 이 문제를 풀기 위해서는 왜 사람들이 역사
를 기록하기 시작했는지 짚어볼 필요가 있다.

보통 역사책의 기원이 경험을 기록한 것에 있다고 한다. 후
대에 훌륭한 역사책이라고 불리는 책들은 인간이 경험하고 조
직한 사건을 알기 쉽고 짜임새 있게 정리하는 방법을 개발한 것
이지, 인간 경험의 기록이라는 기본 전제에서 벗어나는 것은 아
니기 때문이다.

그러면 인간은 왜 자신들의 경험을 기록하려고 했을까? 역사
기록이 어느 정도 보편화하자 역사책에 자신의 업적이 기록되
어 후세에 전해지기를 바라고, '청사(靑史)에 빛나는 것'을 자신
과 가문의 영광으로 생각하는 사람들이 많아졌지만, 처음에 문
자를 발명하고 기록을 남기는 일이란 대단히 어려운 일이었다.

문자의 발명도 어려웠지만, 기록하는 도구를 마련하는 일도
쉽지 않았다. 처음에는 결승(結繩)의 방법으로 경험을 '기록'했
다. 즉 자기가 겪은 큰 사건은 줄을 크게 묶어놓고, 작은 사건
은 작게 매어놓는 방식이었다. 그리고 마침내 문자를 만들어서
의미를 분명히 전달할 수 있는 단계에 이르러서도 기록 도구는
날카로운 칼과 동물 뼈였다. 이 갑골문의 단계를 지난 다음에는

목간이나 죽간 같은 목재나 대나무 혹은 비단, 또는 쇠붙이나 돌에 기록을 하였다. 지역에 따라서는 진흙에 기록하여 말리는 방법도 동원되었다. 모두 당시 생활 수준과 문명 수준을 감안할 때 쉽지 않는 작업이었다.

2. 역사의 실용성

그렇다면 인간이 자기 경험을 기록한 것이 단지 후대에 이름을 남겨서 명예를 얻기 위함이었을까? 먹고살기도 어려운 시절에 과연 명예를 얻기 위해 나무를 베고 다듬고, 칼로 문자를 새겼을까? 아니다. 인간이 자신의 경험을 기록한 데에는 더 절실한 이유와 목적이 있었다. 과거 기록이 현실적으로 살아가는 데 보탬이 되는 일이 아니었다면 그렇게 어려운 작업을 하지 않았을까? 다시 말해 인간이 경험한 사건을 기록하는 일은 삶에 유용한 작업이었다.

아마도 인간이 기록을 시작한 가장 근본적인 이유는 인간의 기억력에 한계가 있기 때문일 것이다. 인간은 시간이 지나면 과거 사실을 망각한다. 기록은 망각하지 않기 위한 작업이고, 따라서 훗날에 다시 과거를 일깨워주는 지극히 실용적인 목적을 갖고 있다 하겠다. 따라서 역사학이 실용성을 갖지 않아도 된다는 말은 역사학을 죽게 하는 것이다. 이 문제와 관련하여 서양에서는 이른바 신사학(新史學)이라고 하여 과거를 다루되 현재의 처지에서 연구해야 한다는 주장이 제기됐다.

그렇다면 우리가 과거를 다시 상기해서 얻는 것은 무엇일까? 바로 현재와 미래에 대한 지침이다. 그러나 과거 역사가 훗날 똑같이 되풀이되지 않는데 어떻게 그 속에서 나아갈 방향을 찾아낸다는 말인가? 비록 같은 사건이 똑같이 되풀이되지는 않아도, 인간의 속성에는 쉽게 변하지 않는 경향이나 추세가 있다. 우리가 역사를 공부하는 것은 단 하나의 등식을 찾기 위함이 아니다. 하나의 사건이나 인물이 만들어내는 다양한 경우의 수를 살펴서 다음에 일어날 몇 가지 가능성을 가늠해보기 위함이다. 그렇다면 가능한 많은 인간의 경험을 이해하는 것이 이 가능성을 가늠하는 데 유리할 것이다.

하지만 인간 경험을 이해하는 데에만 몰두하면 이해한 바를 현실 속에서 응용해볼 기회가 적어지고, 과거 사건을 잘 알지 못하면 인간 행동의 추세를 가늠하기 어렵다는 문제가 있다. 과연 과거의 역사 사실을 어느 만큼이나 알아야 균형 있는 역사 감각을 유지한 채 그것으로 미래를 조망하는 데 응용할 수 있을까?

이에 대한 답은 그 누구도 내릴 수 없다. 사람에 따라서, 또 역사책의 수준에 따라서 다르기 때문이다. 다만 과거의 사람들이 오랜 기간을 두고 많이 읽은 책이 있다면, 이는 여러 사람의 시각으로 검증된 것이기 때문에 과거 인간의 행동 양식과 그 결

과를 살피고 미래까지 조망하는 데 도움이 되는 책이라고 판단
해도 무방할 것이다.

3. 《자치통감》의 영원한 가치

사마광의 《자치통감》은 이러한 목적에 가장 잘 부합하는 책이
라고 할 수 있다. 그 이유는 다음의 몇 가지로 정리할 수 있다.

① 이 책은 1,362년간 중국 대륙에서 일어난 역사를 기록했기
때문에 어느 한 시대만을 다룬 역사책과는 그 규모가 다르다.
이 1,362년 동안 사람들이 추구하였던 이상과 행동 양식은 시대
마다 달랐기 때문에 이 책 속에는 매우 다양한 사례들이 포함되
어 있다.

뒤의 표를 보면 알 수 있듯이 《자치통감》에서 기록한 역사 속
에는 주 왕조의 분열과 통일 과정, 이민족의 등장과 이동, 장기
간 분열 시대와 새로운 사상의 등장, 재통일과 그 변화 과정 등
다양한 역사 변화 과정이 거의 다 들어 있다. 따라서 어느 한
시대만 기록한 역사서와 달리 다양한 인간의 모습과 활동상을
접할 수 있다.

② 《자치통감》은 장구한 역사를 적당한 분량으로 정리한 책
이다. 이 책은 1,362년간의 역사를 적당한 분량으로 정리하여
294권에 담아 놓았다. 294권을 오늘날의 책으로 환산하면 대략

권차	왕조	기록기간	
		내 용	
1~5	주	BC 403 ~ 256	148년간
		주나라의 권위가 무너지고 제후국들이 통일을 위해 각축전을 벌인 전국시대	
6~8	진(秦)	BC 255 ~ 207	49년간
		전국시대에 진나라가 통일을 준비하고, 통일을 달성하였다가 망하는 과정	
9~68	한	BC 206 ~ AD 219	425년간
		진의 해체와 유방의 한 왕조가 중국을 재통일한 과정. 황제 체제의 성립과 왕망의 찬탈 과정. 그리고 왕망이 몰락하는 전한시대와 왕망의 멸망 후 유수의 후한이 재통일하는 과정, 호족들의 등장과 후한의 몰락 과정	
69~78	위	220 ~ 264	45년간
		후한의 명망과 위 · 오 · 촉한의 삼국시대. 위의 촉한 정벌 과정	
79~118	진(晉)	265 ~ 419	155년간
		위의 몰락과 진의 등장, 삼국 통일 과정. 북방 5호의 남하와 북방의 분열, 진의 남천과 남북 대결 과정	
119~134	송	420 ~ 478	59년간
		남조의 송 왕조와 북방 민족이 중국에 들어와 이룩한 남북조시대	
135~144	제	479 ~ 501	23년간
		남조 송의 멸망과 제의 건국, 북조와 대결한 과정	
145~166	양	502 ~ 556	55년간
		남조 제의 멸망과 양의 건국, 북조와 대결한 과정	
167~176	진(陳)	557 ~ 588	32년간
		남조 양의 멸망과 진의 건국, 북조와 대결한 과정	
177~184	수	589 ~ 617	29년간
		수 왕조의 중국 재통일과 멸망 과정	
185~265	당	618 ~ 907	290년간
		당 왕조의 성립과 중국 고대 문화의 완성 과정. 당말 절도사의 발호와 당의 멸망 과정	
266~271	후량	908 ~ 922	15년간
		당의 멸망과 후량의 건설, 5대10국의 진행 과정	
272~279	후당	923 ~ 935	13년간
		후량의 멸망과 후당의 건설, 5대10국의 진행 과정	
280~285	후진	936 ~ 946	11년간
		후당의 멸망과 후진의 건설, 5대10국의 진행 과정	
286~289	후한	947 ~ 950	4년간
		후진의 멸망과 후한의 건설, 5대10국의 진행 과정	
290~294	후주	951 ~ 959	9년간
		후한의 멸망과 송 태조 조광윤의 등장, 5대10국의 진행 과정	
		총 294권	1,362년간

30책 정도의 분량이다. 필자가 《자치통감》을 우리말로 번역, 출간한 경험에 의하면 10권 정도를 한 책으로 묶을 수 있다.

30책 분량으로 중국 1,362년간의 역사를 다 훑을 수 있다는 것은 대단한 일이다. 소설 《삼국지》나 《열국지(列國志)》와 비교해 보면 알 수 있다. 이 책을 줄인 절요판은 사건 흐름을 중간에서 아무 설명 없이 끊어놓기 때문에 앞뒤를 아는 사람의 설명을 듣지 않으면 이해하기 어렵다. 반면 《자치통감》은 군더더기 같은 내용은 모두 빼고 내용을 정확히 파악할 수 있도록 만들어놓아서 역사공부의 효율성을 높였다.

③ 《자치통감》은 편년체 방식으로 서술했기 때문에 시대 흐름에 따라서 사건을 볼 수 있다. 그래서 역사책이면서도 인간과 인간이 벌이는 사건이 연속되어 있어서 마치 소설을 읽는 듯한 착각을 갖게 한다. 여기에 절제된 문장은 문학적 묘미를 배가시키고, 시대에 따라서 달라지는 인간들의 생각은 마치 철학사를 보는 듯하다. 한 마디로 이 책으로 중국의 역사와 문학, 철학을 모두 음미할 수 있는 것이다.

이제 다시 원래 역사를 읽는 이유로 돌아가서 생각하자. 역사책은 실용성을 갖는다고 앞에서 말했다. 그렇다면 구체적으로 어떠한 실용성일까? 양계초의 말을 빌리면, 그것은 정치를 하는 데 도움을 주어야 한다.

　정치는 보통 특별한 사람이 하는 특별한 일로 생각한다. 그러나 정치의 정(政)이란 올바르다는 뜻의 정(正)과 같은 말이다. 이렇게 보면 인간이 서로 사귀고, 관계를 맺으며 올바르게 사는 것이 모두 정치라고 볼 수 있다. 《자치통감》에는 이렇게 사귀고, 관계 맺는 인간 활동과 그 결과가 담겨 있다. 더군다나 기록의 범위가 대단히 넓어서 이 책에 실려 있지 않는 관계·사고·행동 유형은 찾아보기 어려울 정도이다. 이러한 의미에서 《자치통감》을 좋은 '정치 교과서'라고 한 것이다.

　여기서 양계초가 말한 정치란 '인생을 올바르게 살아가도록 하는 것'이라는 전통적인 의미의 정치를 말한다. 그러므로 만약에 양계초의 말을 현대적으로 바꾸어 말한다면 '인생 교과서'라고 바꿀 수 있을 것이다. 결론적으로 인간의 본질이 변하지 않는 한 역사 기록의 실용성도 그대로 이어질 것이며, 지난 1천여 년간 수많은 사람들의 삶에 영향을 끼쳐온 《자치통감》의 지위와 가치도 변하지 않을 것이다. 이러한 점에서 《자치통감》은 '영원한 인생 교과서'인 것이다.

《자치통감》 우리말로 태어나다

1

앞에서도 말했지만 필자는 《자치통감》에 관심을 가진 것은 석사학위 논문을 쓰면서부터였다. 명말청초 이른바 세 명의 대학자 가운데 한 사람으로 알려진 왕부지(王夫之)가 쓴 《독통감론(讀通鑑論, 자치통감을 읽고 평론함)》을 중심으로 그의 사론(史論)을 썼기 때문이다.

왕부지는 만주족의 청나라가 명나라를 멸망시키고 남쪽으로 내려오자, 이에 대항하여 군사를 일으켰다가 실패하고 청(淸)나라 정부의 손길을 피하여 산속에 들어가서 살았다. 그가 형양(衡陽, 호남성 소재)에 있는 산속에 숨어들었는데, 그가 거처한 곳이 마치 배 모양으로 생긴 곳이었다고 하여 사람들은 그를 선산(船山) 선생이라고 불렀고, 그가 산속에서 생강을 심어 먹고 살았다고 하여 상재(薑齋) 선생이라고노 불렸다.

　그는 산속에 숨어들어서 자기 조국 명나라가 왜 망했는지를 역사에서 찾아보려고 하여서 선택한 책이 《자치통감》이었다. 그는 《자치통감》을 읽으면서 거기에 실린 역사사실을 보면서 이를 비평하고 새로운 방법을 제시하는 글을 썼는데, 그것이 《독통감론》이었다. 그러한 점에서 왕부지에게 《자치통감》이란 나라가 망한 원인을 살피는 책이었고, 동시에 다시는 실패하지 않을 방법을 찾아내는 보고(寶庫)였다. 한족(漢族)이 실패한 이유를 찾고 또 한족이 다시 부흥할 수 있는 방법을 생각한 책이었다. 따라서 이 책은 만주족이 세운 청 왕조 지배 아래에서는 빛을 볼 수 없었다.

　그러나 시간은 흘러 청말에 오면서 서양세력이 본격적으로 중국에 진출하자, 중국인들은 새로운 외세 서양에 대하여 어떻게 대응할 것이냐가 큰 문제였다. 이러한 시기에 산속에 묻혀 있던 왕부지의 책들, 그 가운데 《독통감론》도 빛을 보아 인쇄되어 간행되었다.

　이 책은 간행되기가 무섭게 당시 젊은 청년들에게는 반드시 읽어야 할 책이 되었다. 《독통감론》을 가지고 다니지 않으면 시대에 뒤떨어진 사람, 중화민족의 부흥에 관심을 갖지 않은 사람으로 인식될 정도의 분위기였다. 역사에 대한 정확한 이해는 어려움에 빠진 중국을 구할 수 있을 것이라는 신념에서 나타난 분위기였다.

내가 이 《독통감론》을 가지고 논문을 쓰게 된 것은 아마도 당시 우리나라에서 벌어지는 역사성을 가진 사건들, 즉 오랜 일제 강점의 후유증, 해방과 지독한 가난, 대학을 졸업한 청년들이 독일 탄광으로 광부가 되어 나가고 간호사가 되어 독일 병원으로 나가는 현실을 본 데서 출발했을 것이다. 또 달러 때문에 젊은 군인들은 전쟁이 벌어지는 월남으로 파병되는 것을 지원하는 상황, 정치적으로는 4·19와 5·16의 소용돌이! 이러한 현실 속에서 왕부지의 《독통감론》은 젊은 역사학도인 나에게 역사를 보는 눈을 제시하고 있었기 때문이었을 것이다.

그 후 대만으로 공부하러 갈 기회가 주어지자, 왕부지가 읽은 《자치통감》에 관하여 본격적으로 공부해야겠다는 생각을 하게 되었다. 그때까지만 해도 대만에도 《자치통감》에 관한 관심이 그다지 크지 않았다. 아마도 방대한 분량의 책을 가지고 공부한다는 것이 부담이 되었을 수도 있지 않았겠나 하고 생각한 적도 있었다. 하지만 어쨌든 여기에 도전했고 그리고 일단의 마무리를 하고 귀국했다.

2

《자치통감》을 공부하면서 이 책이 우리나라의 전통 역사학에 엄청난 영향을 주었음을 알았다. 김부식이 《삼국사기》를 쓰면서 이 책을 상당히 참고하였다는 사실, 제왕들이 정치적 어려운 문제에 부딪쳤을 때에는 이 책을 가져다 읽었다는 사실, 또 세종대왕은 아예 이 책에 훈의를 달아 인쇄하여 관리들에게 나누어 주면서 치세를 이끌려고 했던 사실, 그리고 그 후로도 지식인이면 반드시 읽었던 사실들이 밝혀졌다.

그러므로 우리 전통 시대의 지식인들은 역사학을 이 책에서 공부하였기 때문에 이 책이 모든 분야에서 인용되고 있었던 것이다. 더욱 주자학 사상이 사회를 지배하게 되자 주자가 《자치통감》을 축약한 《자치통감강목》은 경전으로 생각할 정도였으니 《자치통감》을 빼놓고 우리문화를 이해한다는 것은 사실상 불가능할지도 모르는 것이었다.

그런데 지난 100년 동안 우리의 전통을 끊기어 다른 고전과 함께 《자치통감》도 시렁 위에 놓인 책이 되어서, 그나마 이름을 기억하는 것조차 드물게 보는 현실이 되어 있었다. 그 후에 산업사회가 도래하여 먹고 살기가 나아진 상황에서도 100년간 끊겨진 고전을 다시 대중들이 꺼내어 읽는 분위기는 그리 빨리 오지 않았다.

그러나 고전을 읽지 않고 새로운 문화의 창조란 사실상 불가능한 것인데, 100년을 내다보면서 우리의 생존 방향을 모색하기 위해서는 어떤 방법으로라도 이 분위기를 만들어야 했다. 이러한 작업은 모두의 힘이 필요한 것이기는 하지만 그러한 분위기가 만들어질 때까지 손놓고 기다릴 수만은 없었다.

특히 인문학을 공부하는 교수의 한 사람으로서는 전체를 개선하는 데는 힘이 못 미친다고 하더라도 혼자의 힘으로 할 수 있는 부분에서는 이를 위해 도전해야 하는 것이 의무처럼 느껴지기도 했다.

그래서 선택한 작업이 《자치통감》을 우리말로 번역하고, 필요한 부분에 주석을 달아서 누구나 읽을 수 있는 텍스트를 제공하는 것이었다. 이 책은 비록 전통문화를 이해하기 위하여 읽어야할 고전 가운데 하나이지만, 이것 하나라도 우리말로 옮겨 놓는다면 그 나름대로 의미도 있고 문화 발전에 조금이라도 기여할 수 있다고 생각했다.

그러나 이 책이 워낙 많은 분량이어서 이것을 우리말로 옮기는 작업은 보기에 따라서는 무모한 일이었다. 이 무모한 작업은 어렵기 때문에 누군가는 이 어려운 짐을 떠맡지 않으면 안 되는 것이었다. 그런데 《자치통감》과 관계된 연구를 진행해 온 필자로서는 이 소명을 거절해서는 안 되었다. 사실 거질(巨帙)의 책이고 이 작업이 어렵다는 사실만 가지고 이 책을 번역하겠다고 하는 것은 무의미한 것이다.

다시 말하면 이 작업에 들이는 노력 이상의 의미와 가치를 가질 때에 이 작업이 정말로 보람이 있는 것이다. 그런데 이 책을 우리말로 옮겨 놓는다면 그것을 위하여 들어가는 노력 이상의 가치가 있다고 생각했다. 그래서 무모하지만 이 작업에 뛰어든 것이다.

3

하나. 우리 번역사에 한 획을 근다는 것이다. 외국고전을 우리말로 번역하는 것은 그 사회의 문화수준을 향상시키는 중요한 일인데, 외국고전의 번역이라면 누구보다도 앞장서는 일본보다 먼저 한다는 자부심이었다. 인문학에서 일본이 선도적 역할을 하는 것은 사실이지만 어느 한 부분에서 만이라도 그들보다 먼저 이룰 수가 있다면 민족문화의 자존심을 높여 줄 수 있는 것이다. 결국 이 책을 번역출간할 때까지 일본에서는 아직도 번역출간 되지 않았다. 작은 기쁨이었다.

둘. 이 책의 번역을 통하여 우리나라의 역사교육을 한 단계 높일 수 있다고 생각했다. 우리나라의 역사교육은 학생들이 사료(史料)를 접하는 일이 많지 않다. 그래서 선생님이 가르쳐 주는 것을 외우는 것에 그친다. 학생들은 설혹 선생님이 가르치는 것에 대해 다른 시각은 있는지를 알고자 해도 그것을 찾아 볼 수 있는 사료를 찾기가 어렵다는 점이다. 왜냐하면 전문가가 아니면 한문으로 된 많은 자료를 대부분의 학생들은 접근하기 어렵기 때문이다.

마치 중세에 서양에서 라틴어를 아는 성직자들만이 성경을 읽을 수 있고, 기독교 신자라 할지라도 성직자의 입을 통해서만 성경을 알아야하는 처지에 있던 중세 사람들과 비슷한 것은 아닌지? 마틴 루터가 성경을 독일어로 번역하여 모든 사람이 다 성경을 읽을 수 있도록 한 것처럼 이 책을 우리말로 번역함으로써 학생들은 교수와 똑같이 사료를 볼 수 있게 되는 것이다.

마틴 루터가 성경을 독일어로 번역하고 나서 비로소 기독교 신자들은 눈을 떴고 종교개혁도 일어났던 것과 마찬가지로 우리의 역사교육에서도 학생과 교수가 같이 자료를 보면서 역사를 생각하게 하는 새로운 차원으로 역사교육이 발전할 수 있는 토대를 만들 수 있다고 생각한 것이다.

셋. 이 책이 사마광에 의하여 쓰일 때, 분명한 목표가 있었다. 송 영종과 신종이 정치를 하는 데 도움이 되는 역사책을 써 달라는 부탁을 받고 치세에 도움이 되도록 정리한 책이다. 이 책이 그 목표를 달성할 만큼 잘 쓰인 것인지는 그 후의 역사에서 찾아볼 수 있다.

송 왕조는 몽고족이 중국으로 진출하여 원 왕조를 세우면서 멸망한다. 이때 원 왕조를 세운 쿠빌라이가 중국에 와서 이 책을 발견하고서는 바로 몽고어로 번역하게 했다. 이런 관심은 세종대왕의 《자치통감훈의》 편찬이나 마오쩌둥의 17번 독파했다는 사실에서 이미 증명된 것이다. 우리의 정치적인 현실에서 이 책을 정치 지도자들에게 제공함으로서 그들이 이 책을 통하여 쿠빌라이나, 세종대왕이나 혹은 마오쩌둥 같은 정치 지도자들처럼 성공적인 정치를 하는데 도움을 줄 수 있을 것이라고 생각했다. 그렇다면 비록 내가 고생을 한다고 하여도 충분히 보람을 느낄 수 있는 작업이었다.

넷. 이 책에는 아주 많은 사건들이 실려 있다. 이러한 이야기는 바로 문화산업의 자료가 될 수 있다는 점이다. 미국 할리우드에서는 유럽의 이야기, 인도의 이야기, 중국의 이야기를 가져다가 문화산업으로 재탄생시키고 있는 것에 주목했다. 그렇다면 《자치통감》 속에 실린 많은 이야기를 우리가 문화산업의 재료로 쓸 수 있지 않을까. 그래서 문화산업에 종사하는 사람들에게 우리말로 된 《자치통감》을 제공하여 그들이 더 많은 문화산업을 일으킬 수 있을 것이라고 기대하였다.

이야기에는 국적이 없고 다만 그것을 가져다 쓰는 사람의 것이 되는 것이다. 우리의 문화산업은 미래 산업의 중요한 부분을 차지 할 것이지만, 그 산업의 내용을 채울 것 즉 컨텐츠를 발굴하는 것이 필요하다. 그동안 대부분 우리 역사 속에 있는 소재를 통해서 우리의 문화산업을 이끌어 온 것이 사실이지만 그것만으로는 문화산업을 풍부하게 하기에는 부족하다. 설사 지금에는 아직 우리 역사 속에 있는 이야기의 개발만으로도 충분하다 할지라도 언젠가는 할리우드처럼 세계 속의 이야기를 우리가 소재로 이용해야 한다는 점에서 본다면 《자치통감》이 이를 위하여 크게 기여할 것이라고 생각한다.

다섯. 우리의 역사지평을 넓힐 것이다. 우리의 역사인 한국사의 진행도 끊임없이 세계와 연관 지어지면서 진행되어 왔다. 특히 고대부터 동아시아 세계와 끊임없는 교류를 해 왔다. 그러므로 우리 자신의 문제, 우리 자신의 역사를 좀 더 정확하게 이해하고, 우물 안 개구리가 되지 않으려면 동아사아 역사에 대한 이해가 필수적이다. 따라서 《자치통감》을 읽는다는 것은 우리 역사와 문화를 이해하는 데 크게 기여할 것으로 생각한 것이다.

이러한 것이 《자치통감》이 우리말로 다시 태어나게 한 의미일 것이다. 그러한 섬에서 다른 어면 고전의 우리말 번역보나도

《자치통감》의 우리말 번역이 가치가 있다고 생각한다. 이것이 단순히 필자의 생각에 그치지 않고 많은 사람이 공감하고 이것이 우리의 자산으로 자리매김하기를 바라는 마음이다.

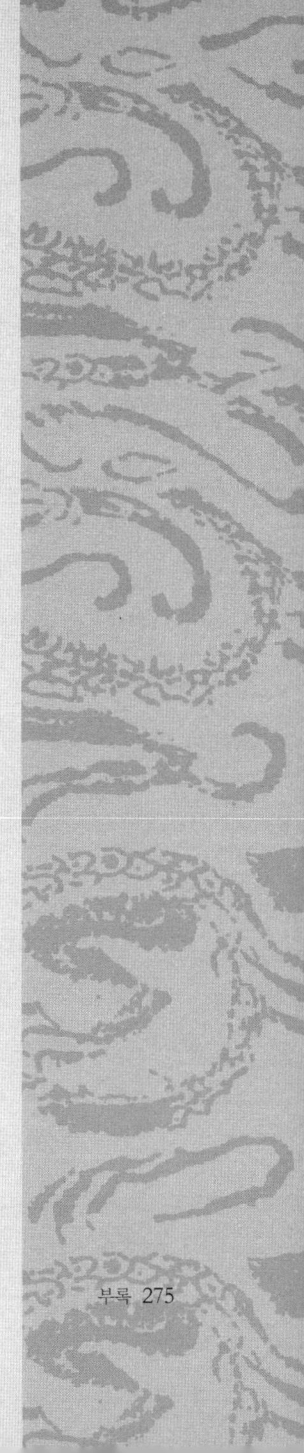

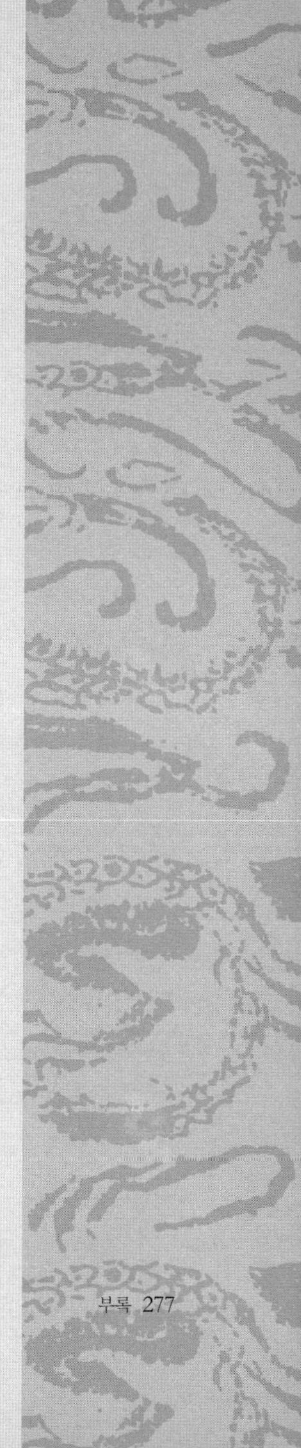

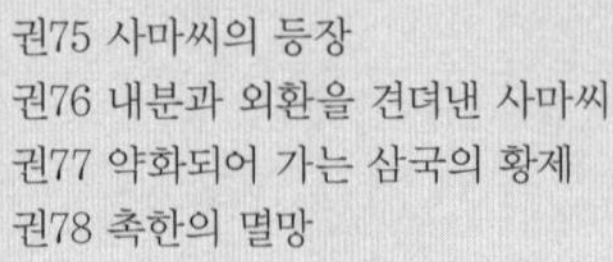

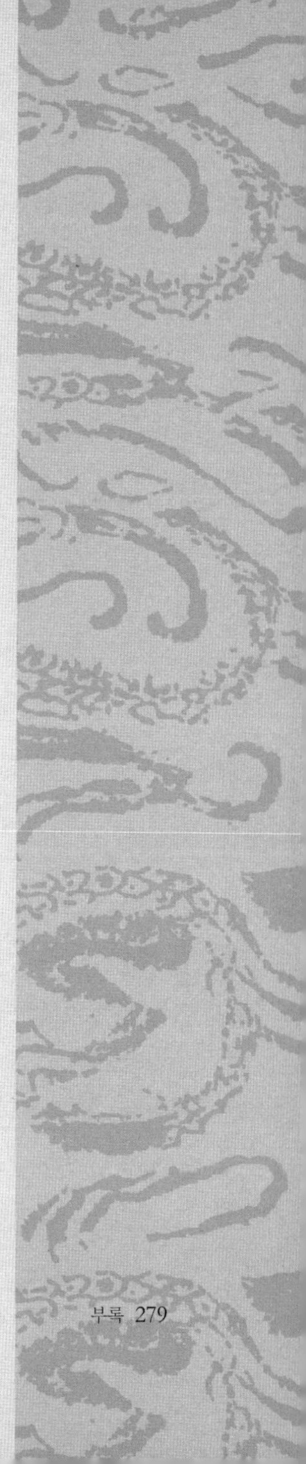

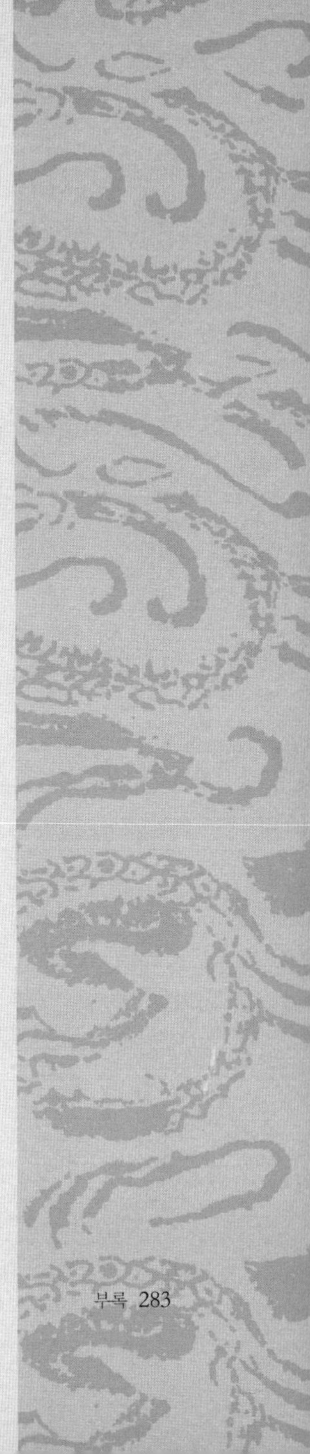